思春期の
子どもを持つ
母必携！

卒母
のために
やってみた**50**
のこと

がんばる母さん
やめました

絵と文　**田中 千絵**

JN009279

大和書房

SOTSU・HAHA

卒母（そつはは）とは

この本の中で 「そつはは」卒母 とは

> 過剰な「母」という役割を
> 終わらせて、家族みんなの
> 自立・自律を目指すこと

だと思っていて、自己犠牲を伴わない
健康的な家族としての 距離感 を
目指すことをイメージしています。
中高生にもなってくれば体は大人。
体力もあり、思春期・反抗期です。
母は自分の軸を取り戻す。 自分大切

こんにちは。田中千絵と申します。ちょうど50歳になったところです。母歴21年。男の子が二人います。一人は大学生、もう一人は高校生。仕事はデザイナーをしています。40代で心理学を学んだことをきっかけに、最近は友人たちと、母たちに寄り添うNPO活動も始めました。

29歳の時に出産してから、自分なりに「丁寧な暮らし」や「良妻賢母」を目指してきました。季節感や手作り料理をキーワードにしたライフスタイルに憧れ、それを正解だと思いながら母業に向き合う30代でした。わたしにとって、子どもたちはとても大切な存在です。まだ小さな子どもたちのすべてが自分の肩にかかっているような気がして、いくらでも頑張ることができました。

しかし、だんだんと子どもが「小さな人」ではなくなる一方で、親である私の気力や体力は減り続けていきます。頑張りは永遠に続くこともなく、子どもたちの反応も変わっていく中で、ふと立ち止まったのです。

「あれ？　もしかしてわたし、やりすぎてる？」

それは、自分にかけられた「理想的な母という呪い」に、気付いた瞬間でもありました。「きちんとしなきゃ！」とか「手抜きはいけない！」と、つい自分を苦しめてしまう思考をそろそろ自分で解いていくフェーズに入ったのです。

　わたしは自分なりの理想を手放し、がんばる母さんをやめました。
「自分を幸せにする」ことを、自分と約束をしました。

　そのために取り組んだのは、「家庭」というシステムの見直しです。

　近年のわが家は、子どもの思春期と親の中年期が重なる「家族の大き
な曲がり角」に差し掛かっていました。子離れがもっと自然にできれば
よかったのですが、コロナ禍も重なり、家族みんなが家にいることの多
い中で、何らかの「スイッチ」が必要だと感じました。そこでわたしは、
「卒母します！」と家族に宣言したのです。

　昭和、平成、令和と時代は変わり、昭和生まれのわたしがすり込まれ
てきた社会の常識の数々がアップデートされてきています。それなのに
家庭のシステムは、アップデートされていない部分が多々。

　わたしは自分の「やりすぎ」を手放していくために、家事シェアの段
取りから自分の時間の作り方まで、一つひとつを見直していきました。
スムーズに行くことも、行かないことも、いまだ調整中なこともいっぱ
いありますが、一連のアクションによって、家族の気持ちをあらためて
知るきっかけになったり、子どもが持っている力を感じ取ることができ
たり、わたしに対する家族の思いやりをあらためて受け取れたり。さま
ざまな作用が生まれているところです。

　この本では、わたしが見直してみた50のことを共有しています。

　プロローグでは「母の役割をとらえ直す」と題し、自分の一日を可視化したり、家族の現在地を確認したりを試みています。1章ではさらに踏み込んで、「母である自分を棚卸ししてみる」に取り組みました。家庭や家族に向き合う前に、まずは自分に向き合うことが、大切だと思っています。この棚卸しの作業を通して、わたしは自分にかけられていた呪縛に気づくことができました。

　2章「寮母っぽいアプローチ〜家事編」では、わが家でやってみた具体的な家事改革を共有しました。が、よそのおうちで同じやり方は、できないかもしれません。その家庭のメンバーごとに、フィットする方法がきっとあると思いますので、アイデアの一つとして読んでみていただけたら！3章「母の役割とコミュニケーション」では、家族と母のほどよいありかたについて考えてみました。4章では、これからの自分をどんなふうにしていきたいか考えるきっかけを。最後のエピローグでは、これからもつづく自分のことを想って書きました。

　家庭の状況って、本当にそれぞれなので、「うちではできないな」とか「ここは困ってないかも」など、当てはまらないことも多いかもしれません。それでも、何か一つでもヒントになればうれしく思います。その時々の自分の気持ちや、家族のフェーズに応じて、気になるページから開いてみてください。

　田中千絵

どこから読んでも
OK!

気になる項目
からどうぞ

手がき文字と
イラストで
のんびり読めます

すき間時間にも
オススメです

この本の中のこと
友人と話してみよう

ぽっ！と開いた
ページから
読んでみるのも
楽しい

ぱっ

たとえばこんな人に
オススメです!

子どもが
中高生以上で
思春期です

家族がそれぞれのペースで
過ごすようになりました

自分がとても疲れていて
そろそろ限界

SNSを見ていると
みんながキラキラしてみえる

そろそろ自分の人生を考えたい

子どもが家を出る予定が見えてきたよ

家の雰囲気が変わったなぁ

「母のせい」って言われがち？

子どもについついかまってしまう

発言権ほしいな

自分のことはつい後回し

キャー！わたしもそう！

それあるある！

第 4 章 これからの自分を考える 161

祖父が
ジョンラッセル
さ〜んだョ！

バートランド・ラッセル （1987 － 1970）

イギリスの哲学者・論理学者、数学者、社会批評家、政治活動家

「たくさんのことを知るということは、
さほど重要なことではありません。
それよりも人間は、同意したくないことには同意しないという権利と、
新しい思想を開発する義務とがあることを熱心に信ずるほうが
より重要であるとわたしは思います。」1962 年 3 月 26 日

（『拝啓バートランド・ラッセル様　市民との往復書簡』より）

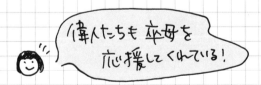

偉人たちも 卒母を
応援してくれている！

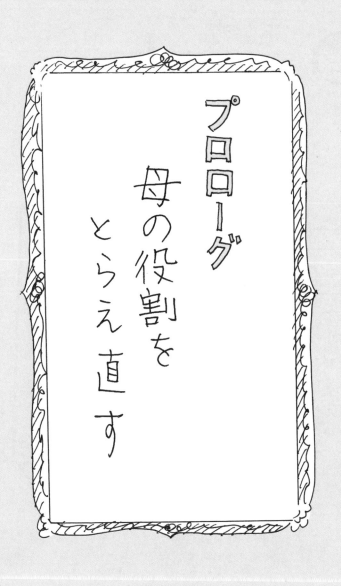

プロローグ

母の役割を
とらえ直す

1

ほどほどの母でいこう

イギリスの小児科医
精神科医、精神分析家くの
ドナルド・ウッズ・ウィニコットさんが
1952年に発表した なんと 70年前！

Dnald
woods
winnicott

ほどよい母 good enough mother

ということばがあります。 おおぉー

社会からの圧もあり、日本の母たちが

うっかり目指してしまいがちな つらい

たい

カンペキな 母 による
カンペキな 育児   ではなく

ほど
ほど

ほどよい母親による
ほどほどの育児   ほどよい

がよいかと。

心理学メモ

「good enough mother」:『子どもと家庭 その発達と病理』（D.W. ウィニコット著／牛島定信監訳／誠信書房／ 1984 年）p19 より

赤ちゃんのころは、いろいろできないことが
多いので、お世話をすることは大切ですが
この本でいう卒母あたりのお母さんたちは
もうその必要はないですよね。

子どもが 赤ちゃんのころに
お母さんから 得た 万能感 は
成長とともに うまくいかないこと
が増えて やりたい気持ち と
できない現実 がぶつかります。
これって、発達の重要なテーマ!
親がいろいろ気を回して何でも
カンペキに フォローする必要はなく。
特に思春期の子どもを持つ母こそ
ほどほどにありたいものだなぁ、と。

大きく
なり
ました

成長と
ともに
どんどん
任せて
いこう

あるある

人に尽くすこと、家族に尽くすことが美学

というような風潮もまだ残っているので

カンペキであること とか 相手の欲求に

迅速に答えること ←なんなら感じよく 😊

に対して、まじめなお母さん であるために

やりすぎてしまう。だけど 母も人間 😊
はりですよ

すべてのニーズに応えられないこと

こそ!! が現実世界。

子どもが抱く 欲求不満 や

ストレス の体験て、人間的な

よしよし
いいぞー

成長にはとても 大切なこと。

だから、母は子どものことは

その子のペース でゆっくり見ていくのが

母としてちょうどよい距離 なのかも。

気付きメモ

社会が求める「良い子」で生きてきてしまうと、「良い母」になろうとしすぎてしまう気がします。子どもが思春期になったら「良い母」から引退しよう。

2

枠から考える

卒母 といっても 母たちは
なまけたいわけではない

のに、どうしても 家庭や社会の中で
母に要求される役割
が多くなりがち。

"やりすぎ"で疲れていて、自分のことに
目を向けられていない
だけなんだ。

さすがに
つかれた

ぐすん

視覚的に わかりやすっ！

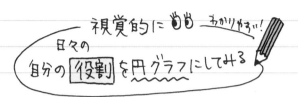

日々の
自分の 役割 を円グラフにしてみる

| わたしの卒母前の | ➡ | 卒母を始めて1年 |
| 役割円グラフ | | 現在進行中のもの |

円グラフは
常に
変化
します

仕事
母親

ん！？
母親多すぎ？

しゅみ
NPO
活動
仕事
母親

とっても自分らしく
なってきたぞ

1日24時間、みんな
平等にあるわけで。
その配分が偏っていると
バランス保ちにくくなる！

ふむふむ

バランス
大事
だね！

じゃあ どうすればいいか？

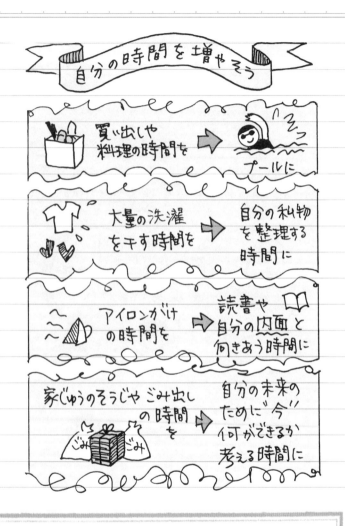

自分の時間を増やそう

買い出しや料理の時間を ➡ プールに

大量の洗濯を干す時間を ➡ 自分の私物を整理する時間に

アイロンがけの時間を ➡ 読書や自分の内面と向きあう時間に

家じゅうのそうじやごみ出しの時間を ➡ 自分の未来のために"今"何ができるか考える時間に

わたしのくふう

寒い冬にはプールに行きにくくなったのでオンラインでマインドフルネスヨガを始めました。呼吸も深くなって、自分の体を感じる体験がとても新鮮です。

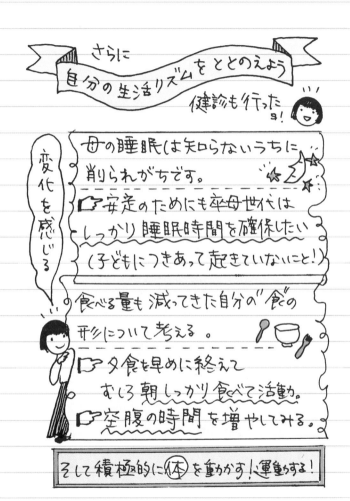

さらに
自分の生活リズム を ととのえよう

健診も行ったョ!

変化を感じる

母の睡眠は知らないうちに
削られがちです。
☞安定のためにも卒母世代は
しっかり睡眠時間を確保したい
(子どもにつきあって起きていないこと!)

食べる量も減ってきた自分の"食"の
形について考える。
☞夕食を早めに終えて
むしろ朝しっかり食べて活動。
☞空腹の時間を増やしてみる。

そして積極的に体を動かす!運動する!

3

家族のハブを降りる

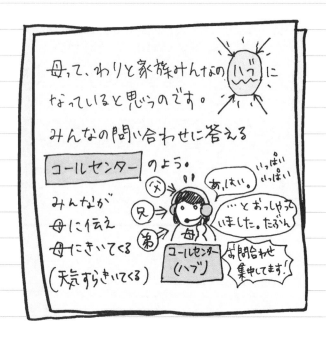

だけど、私は基本的に自分のこと以外
(もしかして自分の記憶いすら)忘れてしまいがち。

コールセンターとして えーと なんだっけ？

がんばる中、家族みんなの毎日のあれこれを
忘れないようにするため、無意識レベルで
すごくエネルギーを使っていました。

私はムダに知りすぎていたかも

今思えば、本人に聞いてみて で良かったと
思う。

家族のハブを降りてみたら
父 と 兄 と 弟 で スケジュールシェア を
始めたもよう。アプリって便利ね。

あ、今日
お兄ちゃん
バイトだって

あ！そうなのね
ありがと
ね

母

「対話をする」には、子どもをきちんと
個人として尊重し、評価したり、アドバイス
せずに、しっかり (傾聴) すること！ ただ聴く

子どもに　ここ大切
教えてもらうような 謙虚な姿勢も
大切。 へえそうなんだ 対話 これでいい

思春期以降、子どもと
親の接し方って、このくらいがちょうど良さそう。
ふりかえると、子どもが小学校の頃は
誰よりも家族の予定を パズルの
ように覚えていて、予定と予定の
関係を合理的に効率的にする 遠い目
ことで何とか回していました。 毎日よくやってたなぁ

パズル

気付きメモ

管理は支配になってしまうので、気付き次第外していくことが大事。自分の中
にもあったはずの「子ども」の感覚に聞いてみて。

その年令ごとに、オプションを外していく。

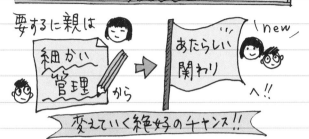

要するに親は 細かい管理 から あたらしい関わり へ!! \new/

変えていく絶好のチャンス!!

対等な 対話 というコミュニケーションに
変えていく。

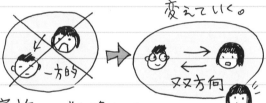

一方的 → 双方向

家族のハブを降りるということは、
卒母時代の親子の関係を改めて見直す
プラン見直し作業 に近い気がします。
そのフェーズによって、母の関わりも \アプデ/
子が幼いころとは変わってきます。 \しよう/

気付きメモ

色々細かいことが気にならなくなりました。知らなくていいこともたくさんあります。

4

中 年 期 を 考 え る

隠しても 隠しきれない
ほどに 卒母シーズンの
女性は それぞれに中年！

でも がんばってきたので
ひとまず《オツカレさま！！》と労う。

《誰もほめてくれないからネ!!》

ユングは この中年期を
人生の正午 ↑ と呼んで
大きな変化がおこる時期としました

心理学メモ

カール・グスタフ・ユング。1875—1961 年。スイスの精神科医・心理学者。
人生を太陽の運行になぞらえ、4 つの時期に分けて考えた。「人生の正午」（40
歳頃）を転換期であるとし、「危機の時期」と呼んだ。

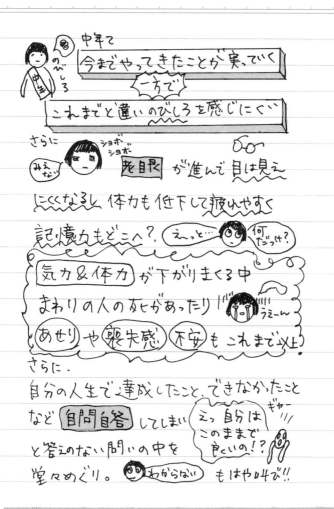

のびしろ

中年て

今までやってきたことが実っていく

一方で

これまでと違いのびしろを感じにくい

さらに

ショボ ショボ

みえない

老眼 が進んで 目は見え

にくくなるし 体力も低下して疲れやすく

記憶力もどこへ？ えっと… 何だっけ？

気力&体力 が下がりまくる中

まわりの人の死があったり！ ウラミーン

あせり や 喪失感 不安 も これまで以上

さらに.

自分の人生で達成したこと, できなかったこと

など 自問自答 してしまい えっ, 自分は このままで 良いの！？ ギャー

と答えのない問いの中を

堂々めぐり。 わからない もはや04で!!

心理学メモ

アメリカの心理学者ダニエル・レビンソンによると、男性のデータではありますが 80% の人たちが中年期と呼ばれる 40 ～ 50 代のあたりに大きな危機を迎えるとのこと。

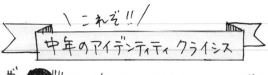

＼これぞ!!／
中年のアイデンティティクライシス

ゼーゼー "もう息をしているだけで偉いです

危機期として理解されるように
なったのはわりと最近だとか。

それならあえて
"能動的" に母の役割をぬいで

本来の自分としっかり対話をして

自分のトリセツ を改めて見直したい。

そう思う中での 卒母プロジェクト。

本当の自分が!
↑
母の役割

!!!

おひさしぶり、約20年ごしの
自分（わたし）は
どんな感じですか？

自分の時を
動かしていこう！

わたしたち、今の 40～50代って、上世代とのギャップ

不遇な世代 といわれ、バブルの

恩恵にはあずかれず、就職氷河期。

終身雇用時代もおわり、苦しい世代。

さらに ここにきて急に 人生100年!!

とか言われ、途方にくれてしまいますよね。

100 まじか たいへんだよ まったく…

気力 体力 思うようにならない中

"スーパーお母さん" の限界が見えたら

一度人生の階段の踊り場に座って さて。

いろいろ手放しながら、のこりの人生

をどう過ごしていきたいか、

みんなで話せたら良いですね。

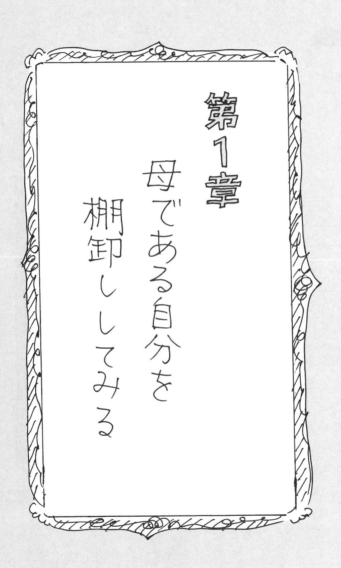

第1章

母である自分を
棚卸ししてみる

5

母の波いろいろ

気付きメモ
いつも大波で、小波はなかった気がします。

そして

よし、家事を何とか終えた！
人と会って、それからちょっと仕事もして！

と思いつつ

気付けばこん？…

もうこんな時間?!

川 どよーん

1日が
あっという間

あ…
夕食どうしよう

そして、あわてて夕食準備。

こんな1日の 心の波 を

視覚化してみると…

私の
価値って

川 どーん

緊張の波グラフ

緊張度↑高（低）↓

弁当ミッション

気上昇

朝食片付け

送り出し

起きてすぐ
揚げもの
とか作る

0

起きる

人と会ったり
仕事したり

子ども
帰宅

↑UP

おやつ

夕食
早くたべて

↑up

早く
お風呂！

早く
寝て〜

え！
もちろ〜
ん！

いっしょに
寝落ち

ZZZ

就寝

全て1人でカンペキに！と思って緊張していた

自分の中の べき思考 で勝手に
全部カンペキに こなさないと!!!
と思っていたので、朝晩は特に忙しく、
緊張していました。

自分はこうありたい

周囲の期待に応えたい

と思って、つい無理して
頑張りすぎてしまう

そうすると 自分の中の理想 と

責任感の強さから 1人で抱えてしまい
気持ちも 上がったり下がったり。

自分を 棚卸ししていくと、

この「カンペキでなくては！」とか

いろいろな執着や思いこみを

手放せる。　スッキリ！　手放す　ぱっ！

"アップダウン"は過剰に

反応していただけ。

自分のものではないです。

気づくことも大切

自分軸があると心の波はおだやか。

ふふふ　よかった

このゆるやかなイメージ大切！

高低差あまりない

そっか　ま、いいか

だから疲れなくなって

相変わらずよく笑いますが落ちこみすぎ

がなくなりました。ゆったりハニラ

気付きメモ

波が穏やかになったら、疲れも劇的に少なくなりました。ゆるやかな波の捉え方、早く知りたかった。

6

うそ寝してみる

卒母やってみたいけど、なかなか
きっかけがつかめない —— という時に
オススメなのが うそ寝 です。
そう。この歳になって うそ寝 です!

ZZZ

たぬき

母

母は昔から いつも
がんばりすぎなのに
なぜか 元気に 見えて
しまいます。

あはは

まあまあムリ

その 元気に見えてしまう母 が災いして

お母さんは倒れない。いつも元気当然

と、家族から解釈されがち。

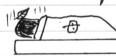
え…

いつも元気なわけ
ないじゃん。

ロボット
じゃないよ

膨大な家事をこなしても、ほめられも

せずただだた続いていく毎日。

母もたまには、お休みがほしい。 ←切実

ケータイも OFF

今日は調子悪いので

母は休みますぬ

うらぅぅぅ

それで、よほどのことでもない限り、

お布団で静かに寝て過ごしてみる。

参考メモ
2021年 OECD のデータによる世界の国別睡眠時間ランキング。33カ国の中
で最も短い国は日本。日本は世界的にも睡眠時間が短い国。

そして、そんなふうに寝ていると

お母さん具合悪いってー　　大丈夫かな

という声がきこえてきたり。

さらにじっと横になっていると、こんどは
自分の体の声 がきこえてきます。

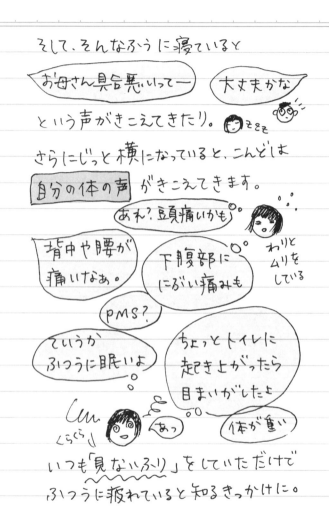

あれ? 頭痛いかも

背中や腰が痛いなぁ。

下腹部ににぶい痛みも

わりとムリをしている

PMS?

ていうかふつうに眠いよ。

ちょっとトイレに起き上がったら目まいがしたよ

くらくら

あっ

体が重い

いつも「見ないふり」をしていただけで
ふつうに疲れていると知るきっかけに。

気付きメモ

一人で抱え込まずに家族を頼る。無理していることを伝えてシェアしていく。
自分のことを自分でできることは、家族みんなにとって良いことです。

意図的に自分の体のメンテナンスの
機会をつくることの大切さ。 気づき

きっかけは うたた寝 だけど、こうして
自分で 線を引くことで 自分の体の
不調 に気付き、日々削られがちな
睡眠も補充していく！

だ か ら ！

あえて 何もない日に
卒母時期の母は 体もう
どんどん うたた寝してでも
自分のメンテナンスをする日を
作ってみて下さい。家族のケア
を担うことの多い母こそ、自分のケアを
大切にしていきたいものです。

自分の疲れは
自分で気付いて
あげないと
家族って
気付かない！

今日
は
休む日

7

自 分 の 棚 卸 し を し よ う

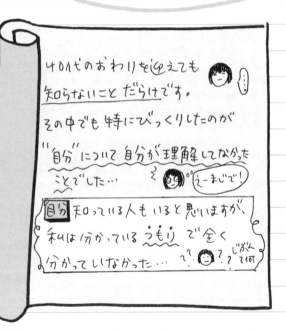

気付きメモ

まずは「自分」を知ることから。自分をどんな人か忘れてしまっているかもしれないし、昔と変わったところもあるかも。

40〜50代、卒母世代の女性の方々と
話してみると

いろいろ
中途半端

今やっていることは
そもそも自分が
やりたかったこと?

みんな
いろいろ!

転職が
多い年齢

若くもなく…
年寄でもなく…

育児から
すぐ介護

体調が
よくない

これまで
一生けん命
やってきた
けど
正しかったか
どうか…

このままで
いいの?

人の役に
立ちたい

他の人と
ヒヒベてしまう

悩んでばかり…

それぞれに悩み、それぞれに感じてる。
聴いているとどれも自分のことのように
分かるものばかり。

わかる

気付きメモ

友達や親しい仲間が、客観的な視点で自分の意外な長所を汲み取ってくれていることも。

そんな日々の中、自分がブレていると
方向も定まらず、漂流しがちです。

今の自分 をとらえ、 10年後の自分 の
イメージが持てるかどうか。 なりたい自分

　　　（もちろん1年後、3年後のイメージでも！）

というのも、1人で過去をくやんでも、
未来にくよくよしても
仕方ないから。

やるべきことは1つ

なりたい自分をつくる
ために今から何が
できるか、やってみる！

自分を棚卸しして、
自分の 持ち味 得意分野 苦手 を知り

自分をどう生かしていくか！ 自分らしさ

あるべき思いこみの正解 でなく、
自分のための 自家製最適解 を見つける。

その方法として、たとえば視覚化してみると
　　　　　自分を分かるきっかけになるかも。

自分の
しあわせ度

0　　　　50　　　　100

自分の
たいへんさ

0　　　　50　　　　100

頼れる先があるか

自分

自分がずーっと
やっていられるくらい
好きなこと

苦手なこと

不安なこと

無理なく続けられるやり方を考えていきましょ.

気付きメモ

上のワークシートを一人でやってもいいし、気の合う友人とやってみてもいい
と思う。思わぬ盛り上がりもあったりします。

8

母親の手作り神話を
考えてみる

子どもの幼稚園の保護者
ママたちがケーキを焼いていて
すごすぎる…無理だ…
↑
もうケーキ屋さん
みたいでした
（そして謎に罪悪感を抱く）

SNSでも 母親ならポテトサラダくらい
作ったらどうだ

と、スーパーのお惣菜コーナーで言い放った

高齢の男性の話が話題になっていたり。

手作り神話がまだ社会にはびこっている。

ポテトサラダの材料を
買ってみたら、ポテトサラダを
買うほうが安い時代。

なんなら

人件費

手作り と 愛情 がセットになっていて

手が掛かっているものに
愛情がこもっているように見える

見えるだけ

お弁当の現場でも

子どものお弁当に冷凍食品を入れるなんて！かわいそう。 へろへろ

と言われ。

母親なのに朝ごはんを作らないの？

と、朝ごはんの現場でも。

手作りが得意です とか 料理が恵ぬき

なら良くいと思いますが、

やはりそれらが 苦手!! とか 母も いろいろ

できない！ OH! NO!! というお母さんもいて。

そんな 苦手意識のあるお母さんたちが

後ろめたい気持ち になったりすることは

無用 ですよね。手作りでなくても、便利に

頼っても、ちゃんと 子どもは育つ！大きくなる！

大丈夫！ その分のエネルギー温存しよう！

参考メモ

ここから朝ごはんが母の責務に?!　政府が食育の推進で朝ごはんのキャンペーンを始めたのが 2006 年。「早寝早起き朝ごはん」運動（文部科学省）https://www.mext.go.jp/a_menu/shougai/asagohan/index.htm

日本のお弁当文化って確かに世界的に
見てもダントツな ハイクオリティ。
だけど全ての母が同じゴール
を目指さなくても、それぞれのお弁当で
良いし、その分ラクにして イライラを
減らしたり、睡眠をとったほうが体のため。
アメリカのお弁当は パンにピーナッツバター
を塗っただけの「ピーナッツバターサンド」
とリンゴやバナナと聞きます。
それでも体は大きいよ？ ほんとほんと

中高生は食べたり食べなかったり、気分も
あるので、全力注がず"無理せず"

たまの手作りに おいしいなぁー と喜べる
外食でも
そんな感じでいきたいなと思います。

気付きメモ
「手仕事、手作り、丁寧な暮らし」が「完璧な家事をこなす母」や「母の愛情」
と繋がって見えることが多いため、母たちに圧力がかかり、葛藤となる。

9

平均思考から自由になる

SNSやメディアで誰かの日常が
見えてしまう時代。
疲れている時に見てしまうと

それにヒヒべて
わたしは…

みんな
ステキ

とか思って
落ち込んだり、うらやましく思ったり。
でもそれらは切りとったその瞬間で
あって、全てではなく。

みんな
それぞれ

ところで、日本で教育を受けてきた日本人
の多くはおそらく「偏差値」で いつも
比べられすぎていたし、（ふつう）で ないと
学校生活での スクールカーストの 中で
生きづらかった と思います。

ちょっと
目立つと
たたかれがち
でした

戻りたく
ない

ランゴンゴン

出る杭

学校でも社会でも
目立たないように…

「出る杭は打たれる」という 日本社会。
一部の人には 都合が 良かったのかも
しれませんが、一部の人には しんどかった
ですよね。　私はしんどかったタイプ

うーん…
じゃあ ふつう って何?

平均が正義?

ふつう はえらいの?

もうそういうの
よくない ??

実際、自然界には ふつう は ないそうです。

植物学者の友人が話してました

人間だって、自然界の生物です。

それなのに、今も社会は 多種多様

平均こそ正義 という風潮であふれて

いて、自然界のもともと持つ

不均衡 を認めない。

バラバラな
ことが
ふつう

ちなみに、人間の体型に

おいても「この人が100%平均です」

という人はいないそうです。

やっぱり！

この 平均信仰 が べき思考 を

こうあるべき

つくっていると思うんです。

人間がつくった幻想にとらわれている。

気付きメモ

「完璧」ってたとえあったとしても、その状態は一時的なもの。「完璧」は幻想。
無理して目指さないこと。

自分と他人。家族内でも子どもと子どもなど。
平均という幻想 で日々無意識に
比べていたり、違うことに気を
とられてしまいます。

比べるものでもないが

そして 比べたり比べられたりしていると
だんだん 自分の良さ に目がいかなくなり
子どものほうも 親の愛情を受けとりにくく
なるかもしれないし、

らしさ とは

きょうだいも オレは偉くてあいつは悪だ
と思ってしまうかもしれません。
ただでさえ難しい思春期には比較不要!

カンペキな健康 も カンペキな成育歴 も
ないことですし、ありのままを楽しみたいです。

気付きメモ
「世間体」は、「比べてしまう目」の一つ。「誰かの視点」を外して、「自分の視点」を持つこと。

10

家族のライフサイクル

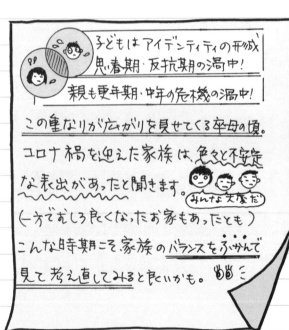

子どもはアイデンティティの形成
思春期・反抗期の渦中!

親も更年期・中年の危機の渦中!

この重なりが広がりを見せてくる卒母の頃。

コロナ禍を迎えた家族は、色々と不安定
な表出があったと聞きます。

（みんな大変だ）

（一方でむしろ良くなったお家もあったとも）

こんな時期こそ、家族のバランスをふかんで

見て考え直してみると良いかも。

家族や家族関係についての研究って

心理学　社会学　経済学　文化人類学

法学　民俗学　など幅広い分野に渡る。

では家族とは？

夫婦を中心として、親きょうだいなど少数の近親者を主要構成する集団

今は家族の形も多種多様です。それぞれの形

「ふつう」もないわけで

家族の機能 2つ

① 自信を持って社会生活を営めるように指導する役割。

② 愛情を持って育み、養護し、家族間の調整を担い子の安定を維持する役割

父　母
子₁　子₂

①と②のバランス、父性と母性のバランス、全体の関係性。なかなか難しいフェーズかと。ウ〜ん

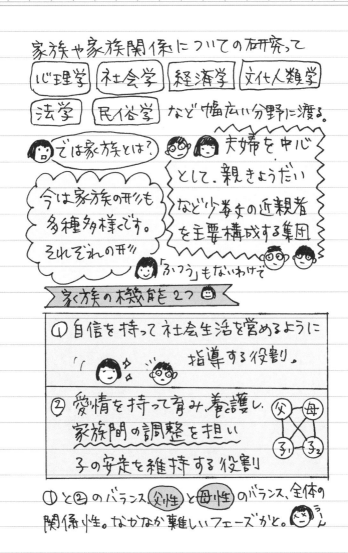

出典：『キーワードコレクション 発達心理学 改訂版』（子安増生＋二宮克美 編）
新曜社　2004 年

家族のライフサイクル

6段階あるようなので見ていきます

1	新婚期	結婚から第1子誕生
2	出産育児期	第1子誕生〜就学
3	拡大期	子ども学童期
4	充実期	子ども10代
5	子どもの巣立ち期	第1子自立〜末子の自立
6	加齢と配偶者の死の時期	

家族も成長にする

5 の心理課題 として

☐ 親子の絆を断つことなく分離する　分離

☐ 夫婦2人のシステムの再構築　再構築

問題として　[対象喪失]　[葛藤]　[更年期]

[衰退不安]　[老後をめぐる葛藤]

こんなバランス難しすぎるヨ

不安∞そしてぐったり

などなど山盛り!!

出典：『キーワードコレクション 発達心理学 改訂版』（子安増生＋二宮克美 編）
新曜社　2004年

というわけで
おぉぉぉ〜
家族にも ライフサイクル がありました！

特徴的な発達課題や危機が存在
することは 世界中で研究されていたのです！

これだけ生きてきたのに ちっとも 知らなかった

中高生のうちに学びたかった

ええ！
まじで！
ええ！

何が 普通 で、何が 問題 なのか

家族のことって 分かりにくい し、相談しにくい。

ツラツラ
抱えこみがちです。 こんにちは 家族の悩み

がくれて↑
見えない

1人悩む
どうしよう

とりまっ
隠す 家族の悩み

あら
こんにちは

例えば家族のメンバーの 1人 が不調で

あったとしても、それはその人だけの 問題でも

なくて、その家族全体のもつ システム が回らず

エラー が生じているかも。 犯人探し でなく、

全体を見直して よどみ を流していきたいですね。

11

鈍感力を伸ばそう

子を守るため
子が死なないよう
細心の注意を
はらってきた母たち（責務というべきサ）

ワンオペ育児の中で誰も頼れない中
[使命感]とともに燃えまくりがち。
眼光するどく、あらゆる情報を逃さない
[全力]でやることしかできなかった母たち

ウラー…

しかし! 卒母も近くなってきた母は、もう
子どものことを細かく細かく 👀 見る
ことはしなくても大丈夫! 🎈

これから母の のびしろ としては

真逆だ!

そうだね!

金も感力 があります!!!

いいわー！ イイネ！

子どもへの注意を金もらせていくことが
卒母にとっての良くい 体幹 となっていく。

そう日光の
三猿くの
ように

見ざる　きかざる

気をつけろ

見ない
見こない

きかない
きこえない

言わざる

言わない
言わない

子どもが産まれてから
何とか何とか、大変な日々を スキルの
⊕ 足し算 で生きてきましたが、そろそろ ⊖ 引き算 🔍。

手放した細かい注意力は
是非 自分に!! 向けて下さい

今まで自分のことをつい
後回しにしてきた母たち。

元気でね!

自分が楽しめる、安心できる
方向に有効利用して
いきます。

大事なポイント

ここに
罪悪感は
無用!!

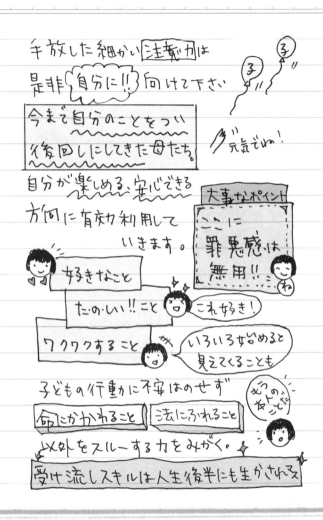

好きなこと

たのしい!!こと　これ好き!

ワクワクすること　いろいろ始めると
見えてくることも

子どもの行動に不安はのせず

命にかかわること　法にふれること

以外をスルーする力をみがく。

むつの本人のことだし

受け流しスキルは人生後半にも生かされる

気付きメモ

「親には親の人生がある」し、「子どもには子どもの人生がある」し、「兄弟に
は兄弟の人生がある」。誰かの人生にフォーカスせずに、自分の人生を生きる。

すると ふしぎ なことに
抱え込んでいた ストレス も 減ってくる。

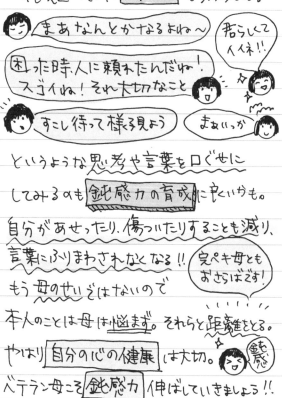

まあ なんとかなるよね〜

君らしくて イイネ!!

困った時、人に頼れたんだね！
スゴイね！それ大切なこと

すこし待って 様子見よう

まぁいっか

というような思考や言葉を口ぐせに
してみるのも 鈍感力の育成 に良いかも。

自分があせったり、傷ついたりすることも減り、
言葉にふりまわされなくなる!!

完ペキ母とも
おさらばです！

もう 母のせい ではないので

本人のことは 母は 悩まず。それらと 距離をとる。

やはり 自分の心の健康 は大切。

ベテラン母こそ 鈍感力 伸ばしていきましょう!!

わたしのくふう

子どもについ買ってあげがちな仕事先からのお土産もやめました。買ってしまうと、今度は「喜んでほしくなる」のでそのままでいいのです。

わたしが心理学を
学ぼうと思った理由

　「大学院へ行って、臨床心理士になる！」と目標を立てて学びを始めたきっかけは、「あなた臨床心理士を目指してみたら？」という、ある臨床心理士さんの一言でした。コロナ禍ステイホームの当時、苦しい状態のわたしには思いつかなかった選択肢だったので、乗ってみることに。大学院の編入予備校を週に3コマ、臨床心理士・公認心理師さんの個別レッスンを週1回のペースで1年間勉強。本を読み、オンラインでもリアルでもさまざまな講演会を聴きました。現在大学院受験は保留にしています。

　その頃は、個人的にもいろいろな角度から子育てや家族について相談しながら行動していく日々でした。結局、わたしのその不安を紐解いていくと、家族のライフサイクルのことだったり、自分の中年期のことだったり。当初は発達心理学などを勉強したいと思っていましたが、自分の今がぎっしり詰まった「中年期」について興味が移り、さらにこれから向かう「老年期」のことなど学べば学ぶほどにわからないことが増えていきました。

　勉強の忙しさは、思春期の子どもとの距離を作るのに効果を発揮し始めていたのだと思います。勉強に集中したり、授業のために家をあけたり、ディスカッションしたりしたことで物理的に家庭から離れ、その距離のおかげで家族を客観的にみることができたように

思います。そのほか国会図書館で資料を読むことを習慣にしたあたりからさらに心理学に夢中になり、推しの研究者さんもできました。アイドルにハマれない私の密かな楽しみに。

また、学ぶ中で出会った臨床心理士・公認心理師の友人と話していると、彼らにもそれぞれプライベートがあり、悩みやうまくいかないこともあり、自分と同じように試行錯誤する様子を聞くことができました。そういうことがわかったのも大きかった。「ああそうか！　うまくいかないことは情けないことでも恥ずかしいことでもないんだ！」と前を向けるようになりました。

家族のことを学問として勉強することで、一歩引いて俯瞰で考えられるようになりました。中年期から学ぶ機会を作るのはおすすめです。今はリアルもオンラインなども充実していますから、自分に合ったスタイルで新しい扉を開くことができます。

学びはきっと自分を守る鎧や新しい世界へ向かってゆく船となり、窮地の自分を救ってくれる。本を読むだけでも大きな学びはあります。母たちは学ぶことに貪欲でありたい。

第2章

寮母っぽい
アプローチ

～家事編

12

寮のような仕組み

心理学メモ

家族システム理論：家族を各部分の特性の総和以上の特性を持つひとつのシステムとして捉える考え方のこと。（『心理学辞典』中島義明、子安増生、繁桝算男他編集／有斐閣／ 1999 年）

家族が どうしても ぶつかりやすい。
卒母あたりの 時期は ともかく
▶誰も責めない ▶誰もがまんしない
▶無理なく続く が大切かと。 だいじ

そして 親が子どもを管理するような
関わりを手放してみる。 そのつもりなくても!! うっかり ってことも
そこでその方法の1つとして
家を寮 というイメージで 再構築して
みたらどうかな、と考えてみました。
母も 寮母 になる 母 ➡ 寮母

寮母 さんは 寮 にいても 距離感あり

干渉 してこないけど、それぞれの
個性 を理解して 生活全体に
目を配れる存在。その感じを家庭に。

気付きメモ

寮母の関わりって、一時的な関わりのあと手を放す感じも含めていいなと思い
ます。

たとえば今の家を
[個のスペース] や [共有スペース] に分けて、
何人かで住居施設をシェアするイメージ。

[今まで母しか分からなかったキッチンも]

母しか わからん

すると★
[仕様もオープンに！]★

とり出しやすい

カトラリーも見やすく

共有に！

お湯も各自が沸かす

電気ケトル大活躍デス！！

共有キッチンになると
毎回使うたび各自片付けて(もと通り)
にしていきます。(新ルールができます)
昔は母が1人でやっていたエリアを(ひろげる)
みんなに展開していく。(抱えない)

また、新しく生活システムを見直す
ことで、自立のための練習もできるし、
大切!!
誰も責めない。押しつけない。各自のペースで。
もしかして平和はつくれるのかも

さらに母は"手あれ"(ガサガサ)で悩んでいました
が、手がすべすべになりました。
思わぬ効果♪ うれしい
生活動線も少しずつ改良して
いきました。まだまだ各自 それぞれに
思うところはあると思いますが、
共同生活のうちは お互い様
お互い様
いつか1人で暮らす日のために
経験 や 失敗 や 工夫 を重ねてほしい。
子どもたち、よくやってくれている。 感謝です

13

寮母っぽいアプローチ

できたり、できなかったり、
何ごとも 行きつ、戻りつ。
親子ともども、各自の自立を
探りながらの日々です。

ゆるゆる見守り
ゆっくり
ゆっくり

自立
応援♪

自分で自分のことをがんばる
子どもを たたえながらも
母としては 距離 をおきつつです。

がんばってる
子ども

こんな時期 寮母 くらいの立ち
位置 がイメージとして ちょうど良さそう。

寮母さん 的な立ち位置は.
少し他人的な距離でありながら
病気、けが、トラブルなどに そっ と
寄り添うような、見守り の存在。
普段の元気な様子もそっと見守り。
好きでも嫌いでもなく依存もない

心地よいニュートラルさ!! 大切

平常心

寮母

見守り

時々 小さな変化 を話題に
すると、こちらが 気にかけているよ
お!
ということが伝わって良い。

変化を ことばに
さらっと
伝えたいところ。

してあげすぎ、関わりすぎ
心配しすぎ などのやりすぎ 注意!

そして時々。母のやる気がある時限定で

寮母プレゼンツ★食べ放題企画 を

やってみたりしています。 不定期開催

今日は
ハンバーグ食べ放題

食べてね

子どもが家にいそうな日、とか

子どもが食のサイクルをうまく回せて

なさそうな日とか見計らって企画。

ジュージュー

ジャーン！

今日は
食べたい分だけ食べてー！

あ、ハンバーグ
だけ食べるー

ぼくは
チーズ
のせる

などなど。

バンズにはさんで
ハンバーガーにしようかな

盛り上がります。

ちょっとうれしそうな様子がうれしい。

気付きメモ

「家族だから」という束縛や依存を外して、各自の自律を目指し、お互いの個性を尊重し、距離を保つイメージが寮とぴったり。

ポイントとしては、本人が自分であまり

作らなそう、かつ、好きなメニュー。

(ハンバーグ)の他、(ギョーザ)や(たこ焼き)も。

どーん

食べたいぶん
どーぞ！！

サラダ
とかも
人気

もちろん、買ってきたもので OK！！ GOOD

(ねぎらい)とか(サービスの一環)ぽい

軽〜い感じで。サービス。

(気をつける点としては…) STOP田

(ついつい嬉しくて頻回開催しないこと！！)

せっかく卒母を始めたのに、気をぬくと

すぐに卒母前に戻ってしまいます！ ⚠

開催間隔にご注意下さいませ！

気付きメモ

うっかりまた母モードに戻ってしまうのは危険。改めて卒母をはじめるのは大変！なので、常に距離に気をつけて！！

14

— 家事シェア —

洗濯編

数ある家事の中から、まず最初に任せてみたのは「洗濯」でした。

① 洗濯機に「取扱い説明書」を置きます。洗濯のやり方はこちら読んでやってみて下さいねーと伝える。

（ネットでも見られますね）

② 人数分の洗濯箱を洗濯機の上に記名して設置！

ポイ　ポイ

さて、始めてみます。

わたしのくふう

私の場合、洗濯が一番初めに任せやすいなと思いました。工程も少ないし、洗濯の好みもそれぞれだったので。

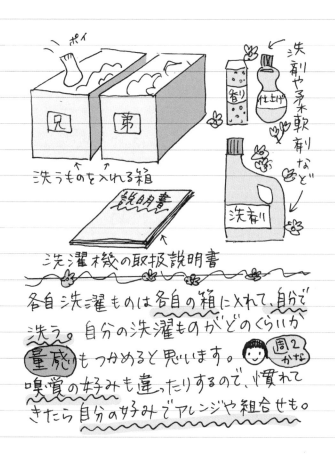

ポイ

洗剤や柔軟剤など

兄　弟

洗うものを入れる箱

説明書

洗濯機の取扱説明書

香り　仕上げ　洗剤

各自 洗濯ものは各自の箱に入れて、自分で洗う。自分の洗濯ものがどのくらいか 量感 もつかめると思います。嗅覚の好みも違ったりするので、慣れてきたら自分の好みでアレンジや組合せも。

週2かな

わたしのくふう

朝の洗濯物が夕方まだ洗濯槽に残っていても言わずに本人に気づいてもらう。
洗濯物の生乾き臭の発生のメカニズムを「身をもって」理解してもらうのです。
特に夏。

\よいしょ/

もちろん、大人も自分の分は
自分で洗います。
高校生が忙しい時は
制服やジャージを母が
担当しつつ、長期休暇は自分で。

天気予報をチェックして
洗濯ものが乾きやすい
天気かどうか、考えるのも自分。

たたむも
たたまないも　　自由

洗うタイミングも
干すのもとり入れも
どこにしまうかも自由

それぞれみんなにお任せしています。

わたしのくふう
少し余力があるときに見かけた洗濯物を拾って一緒に洗濯したら、「服の質感
が変わった！」と予期せぬ非難を被ることがあるので、そういう通りすがりの
お節介もおすすめしません。

すると

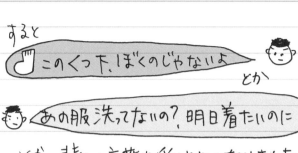

このくつ下、ぼくのじゃないよ　とか

あの服 洗ってないの？ 明日着たいのに

とか、悲しい言葉を受けなくなりました。
心の小さな痛みが減ってうれしい

母は、1日2～3回などまわしていた
膨大な洗濯ものから解放されて、
1人でこなす適正量に。ありがたい！

ほんとに けっこうな重労働でした!!　ホッ

子どもから コートってどうやって洗うの？

など具体的な質問も
出てきたりして。
独立後生かせそう　イイネ!

気付きメモ

夏場の成長期で子どものシーツや部屋の香りが「香ばしく」ても、それは母の
せいではないのです。

15

― 家事シェア ―

炊事編 ①

我が家の場合、子ども2人とも料理をすることが好きだったので、基本的には作れる人。

ネットにレシピあるよ

へー

高校生のお弁当や食事が必要な時は母が作ります。

どーぞ

大学生の長男は学校やバイト、おつきあいなどで忙しい。

いってらっしゃい

家族全員でそろって食事するという時期は終了しています。

\あらたに/

キッチンの共同使用ルール

が生まれました！

キッチンはみんながいつでも使える
"共同使用エリア"になります。

ゴシゴシ 洗いものは各自毎回
　　　　　自分で洗って片付ける　イィネ

鍋に残った料理はそのまま
にせず、すみやかにタッパーなど
に移し、鍋もその場で
すぐ洗って片付ける。

おかずを入れたタッパーは
食べきれる量を考える。
冷蔵庫を占領しすぎない。

勝手に人の食材を食べない
　　　使いたい時に声がけ

などなど、気持ちのよいルールが
生まれました。無法地帯にしない。

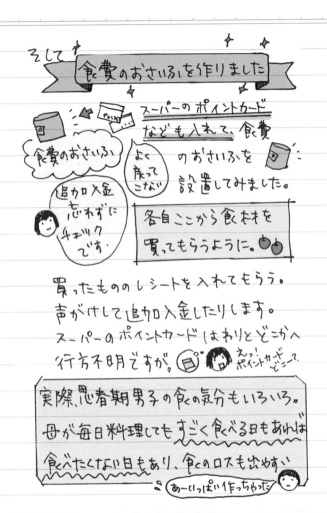

そして **食費のおさいふを作りました**

スーパーの **ポイントカード** なども入れて、食費 のおさいふを 設置してみました。

食費のおさいふ

よく余ってこない

追加入金 忘れずに チェック です。

各自ここから食材を 買ってもらうように。

買ったもののレシートを入れてもらう。
声がけして追加入金したりします。
スーパーのポイントカードはわりとどこかへ
行方不明ですが。

えっ！ポイントカードビニー？

実際、思春期男子の食の気分もいろいろ。
母が毎日料理しても すごく食べる日もあれば
食べたくない日もあり、食のロスも出やすい

あーいっぱい作っちゃった

わたしのくふう

子どもが何を作っていても、「評価」も「アドバイス」もしないこと。うっかり母は口を出してしまいがち。子どものやる気がなくなっては台無しです。

食べないかもしれないけどー応
残しておこうかな という中途半端な
おかずもロスになりがち。

謎タッパー
増える

そこで

冷蔵庫をエリア別にしてみました！

ドア

子②　　母

父　　子①

調味料　　共用エリア

冷蔵庫を開けたところ

買いもの から 賞味期限の管理

まで各自に任せることに。 ここ母は
苦手でした

各自箱やトレーで エリアを
区画整理 してみました。

母は他の箱の買い足しをしたり口出しもしない。

わたしのくふう

調理中や食事中に近くにいると、うっかり色々やってあげちゃうので、子ども
がキッチンにいる間、母はキッチンに行かないように心がけています。

16

— 家事シェア —

炊事編 ②

キッチンの ルールを変えてから
買いもののスタイルが変わりました。
各自、自分で買い出しに行くので、
節約という点ではどう出るか全く
わかりませんが、予定に合わせて
消費できる 食材だけ 各自買います。

いい 改めて
自分の
金を
知る

おのずと…

各自、買いものスタイルもいろいろに

その時その時、補充します。

その人のペースあるね

箱からっぽの人も　満たんの人も

★箱の中身もいろいろ★

納豆・キムチなど発酵食品常備派

トマトやバナナなど野菜・くだもの常備派

ささみ・たまごたんぱく質常備派

そうするとその人の不足しがちな

食のパターンのくせや外食・家食のバランス１ヶ月あたりの予算も見えてくる。

１人暮らしする前に分かっていいね！

この感覚って持ってると自由ですよね。

わたしのくふう

いただいた旬の果物や野菜を子どもにお裾分けすると喜ばれました。一種のご近所付き合い感覚！

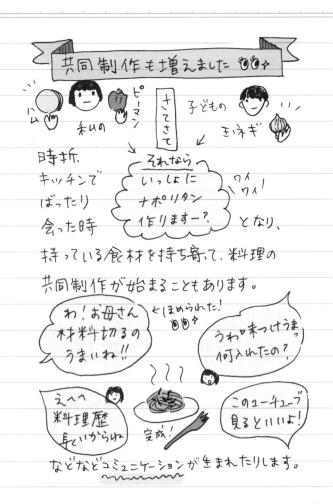

共同制作も増えました

時折、
キッチンで
ばったり
会った時

それなら
いっしょに
ナポリタン
作りますー？

さてさて

私の　ピーマン　　子どもの　玉ねぎ

ワイワイ

となり、

持っている食材を持ち寄って、料理の
共同制作が始まることもあります。

わ！お母さん
材料切るの
うまいね!!

←ほめられた！

うわっ味っけうまっ
何入れたの？

えへへ
料理歴
長いからね

完成！

このユーチューブ
見るといいよ！

などなどコミュニケーションが生まれたりします。

わたしのくふう

兄弟同士でスーパーの食品の値段の話をしているのを小耳に挟んでガッツポーズしたりしました。生活感覚が育ってる！

そして…たまに、食ヰヰの箱がからっぽで
大学のあれこれ、バイトに疲れた
つかれ…
子どもが帰ってきた時

豚汁、食べますか？

っておすそわけ。

すると

うわーたすかる…
ありがとう…

と喜ばれる。

少し前まで

母のつくるごはんが
あたりまえの日々だった
けど、関係性が変わると 感謝 た
し合えるのでがまんも減りました

かといって、また嬉しくて作ってしまうと
重い母 に逆もどり。ふれあいは ほどほどに。
バランス上手にとりながらです。

わたしのくふう

不足しがちな食材に気づくと「色の濃い野菜を少し取り入れるようにしてみ
る？」などとたま〜に声がけするようにしていますが、基本は何も言わない。

17

— 家事シェア —

そうじ編

コロナ禍、家族全員ステイホームになった時に、吹きぬけのある家の構造が安心を生まなくなりました。子どもが小さかったときは、家のどこに誰がいてもコミュニケーションできて良かったのですが、思春期2人いるとさすがに難しい

家のかたちいろいろ

ラーん…

わたしのくふう
家族全員のゴミを集めていたときは45リットルのゴミ袋を使っていましたが、今は一人ずつ30リットルのゴミ袋を用意しています。

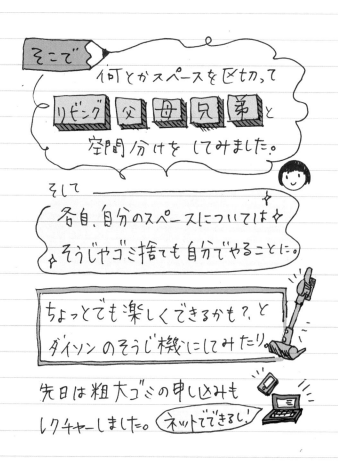

そこで 何とかスペースを区切って
リビング 父 母 兄 弟 と
空間分けを してみました。

そして
各自、自分のスペースについては☆
☆そうじやゴミ捨ても自分でやることに。

ちょっとでも楽しくできるかも?、と
ダイソンのそうじ機にしてみたり。

先日は粗大ゴミの申し込みも
レクチャーしました。 ネットでできるし!

わたしのくふう

そうじ機を使った後に「充電」をしておくまでがそうじです。

ごみ出しの日にもし寝すごしてしまっても！

次の収集日に各自出すだけ。

早起き母さんがやってしまいがちですが、もうそろそろ引退。（マンションだとまたルールあるから）

ふと思うのです。

暮らしって　買ってきて　食べて　排出する

じつは このシンプルな流れ のくり返し。

ゆっくり体に覚えてもらいます。

ちなみに最近は 30ℓ のごみ袋にして

キッチンのごみも自分の分は自分で出す。

できることは各自ふつうにやっていこう。

わたしのくふう
1日にものを何か3つ捨てていくというようなことを聞き、実践しています。「手放す」という感覚に慣れていくことって大事。

ちなみに…

わたしのスペースに私物をまとめたところ、物の多さにびっくりしました。ギャー！

60歳になるまでに私物を3分の1に！

なんて記事も目にする中、あせるわたし。

これを機によ うやく断捨離の意味について考えるなど。（おそい）

これまで自分の私物量を見直す余裕などない母ライフを送っていたわけです。さて、片付けがんばろ！

おちついてここからはじめよう

わりと他人のために生きてしまった自分の人生前半戦でしたが後半戦は自分軸にシフトします

18

— 家事シェア —
共用部分編

具体的に 共用部分 というと.

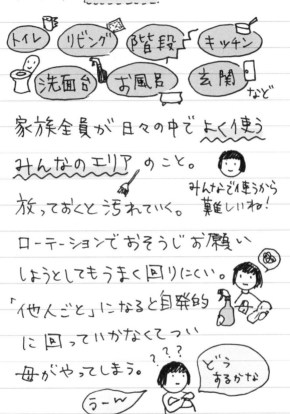

トイレ　リビング　階段　キッチン

洗面台　お風呂　玄関 など

家族全員が 日々の中で よく使う

みんなの エリア のこと.

みんなで使うから
難しいね！

放っておくと 汚れていく.

ローテーションで おそうじ お願い

しようとしてもうまく 回りにくい.

「他人ごと」になると自発的

に 回っていかなくてつい

母がやってしまう. ？？？

うーん

どう
するかな

わたしのくふう

母が電池を取り替えたりしません。電池は気がついた人、気になる人が自分で
入れてもらいます。リビングの時計は廃止になりました。

あるときは

そのままになる
洗いかごの食器
を片付けてみたり

→ ワリきこらない

またあるときは

汚れ目立つ
夏のトイレの
おそうじして
アピってみたり

もやもや

結局地味
に階段
などは
母が

ごしごし。

疑問を ???

これは
母だけの仕事で

持ちながら

ある時 手放してみました

どんどん
手放す!!

母がやらないでおくと、どう汚れるか。

母が うっかり やってしまっていたことを

「汚れるまま」にすることで

あえて可視化してみる。

気付いて
しまうのを
見ぬふりで
がまん

がまんヒべみた

092

それに、共用部分 について
汚いな と感じるタイミングも ？
人それぞれ ということ。

だから、家族それぞれが 気になる と
思ったら、各自各箇所 そうじしてく
れば良いし、もう子どもが高校生にも
なれば　　　汚いんだけど？

これ使うといいよ！　あーろいといてー　と言って、

本人 にやってもらう。それで良く。

母が無理して献身的 にそうじしない！

必要あればその都度レクチャーしていく。

1人で暮らすようになればいつかやること。

母ががまんして請け負わず
みんなに広げていきましょう！　抱え込まない

093

19

— 家事シェア —

庶務編

家事の世界において、
見えにくい存在に
"庶務的なもの" があります。

見えない!!!
カッ

夫や子どもは日々気付きにくい
家事のジャンルです。 庶務係

"あたりまえ" といってしまえば
あたりまえなのかもしれませんが…

ひとつひとつは小さいのですが、
やるとなると、まぁまぁ "よいしょ" となります。

ほかにもいろいろ。すぐ思いつく庶務たち。

気付きメモ

親も子も、家族だから「やってくれて当然」とか「助けてくれて当然」と思わ
ないこと。

自分でやると、ひとつひとつは大した作業
でもなかったりしますが、なぜ自分だけ…
と、思っていると気持ちが重い。　もやもや

えー…ていうか
こんな作業は
家族誰でもできるし？　って思い
　　　　　　　　　　　ませんか？

だって　ほめられも
　　　　せず…

と！いうことで!!

これら庶務を

やり方　と　時期の見極め　を

セットで　伝えていってみる。

中が見えないシャンプーボトルは
時々持ち上げてみるとつめかえ時
わかるよー

トイレットペーパーなくなりそう？　じゃない？

声だけも

わたしのくふう

食事を作るよりも地味な分野だけど、生活ってやはり地味の連続で、滞るとストレスを生むことも。自分なりに継続しやすい工夫を。

卒母あたりなら双方向でできるかも？

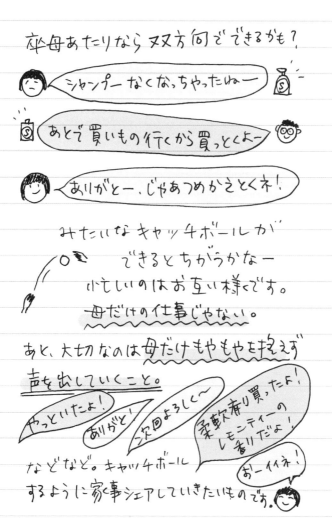

シャンプー なくなっちゃったねー

あとで 買いもの 行くから 買っとくよー

ありがとー、じゃあつめかえとくネ！

みたいな キャッチボールが
できるとちがうかなー
忙しいのはお互い様です。
~~母だけの仕事じゃない。~~

あと、大切なのは母だけもやもやを抱えず
声を出していくこと。

やっといたよ！

ありがと！

次回よろしく～

柔軟剤買ったよ！
レモンティーの
香りだよ！

おーイイネ！

などなど。キャッチボール
するように家事シェアしていきたいものです。

20

お金のはなし

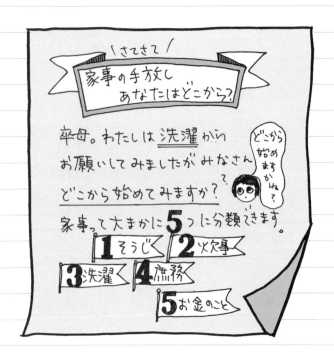

＼さてさて／

家事の手放し
あなたはどこから？

卒母。わたしは<u>洗濯</u>から
お願いしてみましたが みなさん
<u>どこから始めてみますか？</u>

どこから
始め
ますかね？

家事って大まかに**5**つに分類できます。

1 そうじ ＼ **2** 炊事 ＼

3 洗濯 ＼ **4** 庶務 ＼

5 お金のこと ＼

ここまでで、まだふれていない家事

⑤ お金のこと について。

やりくり
とか
流れ
とか

お金 の生活スキルとして、

家計の管理 （日々なんとか回す！） $ 💰

銀行関係 （振り込み確認）通帳・カード

引き落とし確認 パソコンやアプリ

やり方いろいろ

食費 家賃 光熱費

水道代 通信費 交際費 などなど

これら親もなんとか回しているものの

他の家事とにくらべて子どもは現場を
目にしていないことも多い。

水は出るし
エアコンつくし
料理できるし
スマホも使える

これらのスキルも

少しずつ子どもに身につけて

もらいたいもの。

わけで

うちは2人ともアルバイトをしていたので
まず食費1ヶ月2万円で任せてみました

各自それぞれの
やり方で回してもらう。
何を食べても自由。

はじめからうまく
できるものでもないので
セイフティ・ネット として

時々 寮母のふるまい料理 もあります

お米 や たまご
他 備品 など
は寮母担当です

お米とたまご があれば
たまごかけ　オムライス　かに玉風丼ぶり
たまごがゆ　チャーハン　など食べられる。

子どもたちは
週に5千円もあるんだから
ちゃんと買って食べなきゃ！
という人や

うわぁ！！1日700円しかない!!
という人、いろいろ

いろいろ感じて、考えるように。　いいね

気付きメモ

「バイトしたい！」と言い出したら、自立のチャンス！　自分のお金の管理も
始まり、社会ともつながり、消費の癖もわかって一石三鳥！

100

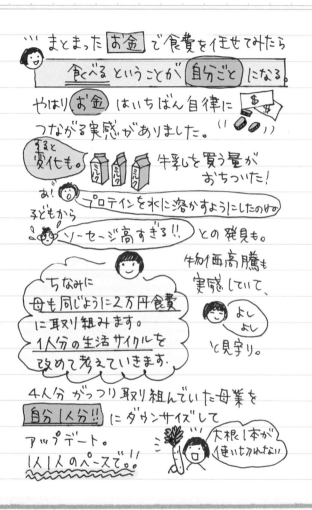

まとまった お金 で食費を任せてみたら
食べる ということが 自分ごと になる。

やはり お金 はいちばん自律に
つながる実感がありました。

するど
変化も。 牛乳を買う量が
おちついた!

あ! プロテインを水に溶かすようにしたのや
子どもから
ソーセージ高すぎる!! との発見も。

物価高騰も
実感していて、

ちなみに
母も同じように2万円食費
に取り組みます。
1人分の生活サイクルを
改めて考えていきます。

よし
よし
と見守り。

4人分 がっつり取り組んでいた母業を
自分 1人分!! にダウンサイズして
アップデート。
1人1人のペースで。!!

大根1本が
使い切れない!!

気付きメモ

「お金」を切り分けた時に一番、「距離」や「境界線」を引くことができたな、
と感じました。

21

情報収集

各自の自立を目指して
家事を改めて見直す中で、

1人暮らしのための "HOW TO 本"

のような本を1冊、キッチンのテーブルに

おいてあります。

ふーん
なるほどー

私もときどき見て
参考にしています。

などの一般的な項目があり、

日々のスキルについてまとめてあります。

うちは視覚優位タイプ
が多いので、イラスト多めの
本を選びました。
よみやすい

絵が入ってると分かりやすいー

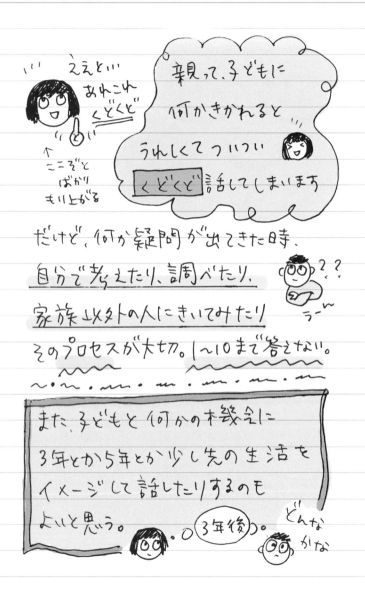

ええとい
あれこれ
くどくど

↑
ここぞ゛と
ばかり
もり上がる

親って、子どもに
何かきかれると
うれしくてついつい
くどくど話してしまいます

だけど、何か疑問が出てきた時。
自分で考えたり、調べたり、
家族以外の人にきいてみたり
そのプロセスが大切。1〜10まで答えない。

ラー～
？？

また、子どもと何かの機会に
3年とか5年とか少し先の生活を
イメージして話したりするのも
よいと思う。

3年後

どんな
かな

親もこれから 老いていくにあたり、
ライフイベントとして、住居の変化や
家族内人数の変化、また時代の変化
もあるので、そういう変化に
柔軟に対応できる姿勢で
いたいものです。 ご私の正解

正解はその時その時、その人で
いろいろあります。

本人にあった「これならできるかも」を
集めていくイメージ。 がんばり
すぎない

無理なく70%くらいのエネルギーで
長く続けられる方法がいちばん！

やり方① 私はこれ やり方② やり方③

気付きメモ

50代。体力のあるうちに、東京以外の街でひとりで暮らしてみたいので、ひとり暮らしの本はイメージ膨らむ。楽しい。

22

それぞれの関心、
認知について

気付きメモ

彼らには見えないんだもの、仕方ない。わたしにも見えていないものがあるんだと思う。

ある日、子どもAが わたしのところへ やってきて

ぼくに 排水溝の そうじを 教えて。何を 使ったらいい？

これを 使って

というので、ざっとレクチャー

こうして あぁして

nose

嗅覚が 人一倍 すぐれている

彼には 耐えられないようで。

彼の場合は 生活の中の臭いを 防ぐところから 家事にアクセス!!

あぁ！

一方で子どもBは 排水口のつまりに 気付きません。排水口の 汚れをただ そうじしたくない のかな？と思っていたら つまっていること が 理解しにくい気質 だったようです。

つまってるのが わからない

へぇー

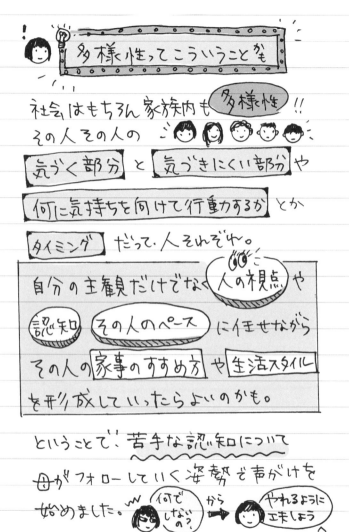

多様性ってこういうことかも

社会はもちろん 家族内も 多様性 !!

その人その人の

気づく部分 と 気づきにくい部分 や

何に気持ちを向けて行動するか とか

タイミング だって、人それぞれ。

自分の主観だけでなく 人の視点 や

認知 その人のペース に任せながら

その人の 家事のすすめ方 や 生活スタイル

を形成していったらよいのかも。

ということで、苦手な認知について

母が フォロー していく姿勢で声がけを

始めました。 何でしないの？ から やれるように工夫しよう

不得意については随時、現場を共有。

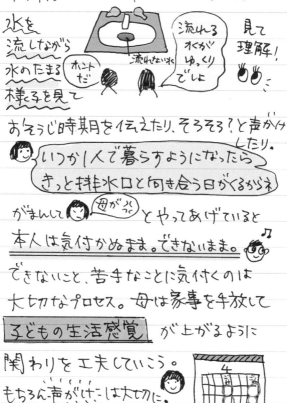

水を
流しながら
水のたまる
様子を見て

ホントだ

流れる水がゆっくりでしょ

流れない水

見て理解！

おそうじ時期を伝えたり、そろそろ？と声がけしたり。

いつか1人で暮らすようになったら
きっと排水口と向き合う日がくるからネ

がまんして

母がふっ

とやってあげていると
本人は気付かぬまま。できないまま。

できないこと、苦手なことに気付くのは
大切なプロセス。母は家事を手放して
子どもの生活感覚 が上がるように
関わりを工夫していこう。
もちろん声がけは大切に。
ごみ出しもカレンダーで共有します。

気付きメモ
未だに彼らは排水口の詰まりについて行動を起こさない。本当に多様性なんだろうか？　こっそり思うけど。信じる。

column ②

"おふくろの味"より
それぞれが好きな味

　子どもが家事ができるようになった方がいいと薄々わかっていても、始めどきってなかなか難しいですよね。我が強い時期だと、親として関わるのがそもそも大変だったりして。

　うちの場合は、料理をするきっかけが早かったかもしれません。幼稚園くらいのときに、子どもたちが絵本を見て料理に興味を持った時期があって、「チャンス」と思い、週末に一緒に作り始めました。慣れないうちは包丁でなくてテーブルナイフで切れる柔らかいバナナやきゅうり、ソーセージやハムなどの食材を使うなど、小さな安心の工夫も考えたりしていました。

　簡単なことでいいんです。トーストを焼くのにハムとチーズのトッピングを子どもに任せ、トースターで焼いたり、お米を一緒に計量して炊くなど、家事を一緒に進めてみました。そうすると、子どもたちも、「自分で作ったぞ！」という充実感とともにとても集中して食べてくれるし、親子のコミュニケーションとしてもいいなと思って、心の余裕がないながらも、楽しく取り組むようにしていました。市販のピザにコーンやベーコン、アスパラ、ピーマン、サラミなどちょっとした具を用意して乗せてトースターで焼くのもよく作ったメニューです。これは失敗もなく、なかなかの食べ応えで夕食のメニューに。

＼休日のパンケーキ／

　料理は美味しい結果が幸せな気持ちを呼び、経験をより良い記憶にしてくれていいなと思って、ゆるゆると続けていました。「上手にできたね、とっても美味しいね。助かりました」という心からの感謝と労い[ねぎら]も忘れずに。

　思春期になる頃には、親の知らないうちに子どもたちの食べたいものや好きな味がしっかり出来上がってきているもので、それも成長だと思います。母が作ったものに対して拒否が出てくる時期でもあるので、おかずが不評で余ったり、食べなかったりするということも。もちろんとても悲しいし、こういう時には改めて料理を教えるなんてことはそもそも無理！なタイミング。ならば、逆にチャンスだ！と捉え、思い切って子どもたちそれぞれに自分の分を作ってもらうことを提案しました。

　今はインターネットを見れば簡単で美味しいレシピがたくさんあります。そんな時代の子ども達は、母に「おふくろの味」を習うのではなく、「好きな味」とか「わりとハードル高くなく作れそうなレシピ」を探して、軽ーくその場で作っているようです。最近は食費として一定額を渡して各自食べたいものを作るスタイルに。作れなくてもやっているところを見せるだけでも家事としてのイメージがつきやすいかもしれませんね。

やるー！

組み合わせパズル
やろう

テーブル
ナイフで
きゅうりを
切ってもらう

第3章

母の役割とコミュニケーション

23

言葉の量を減らしてみる

人によっていろいろあると思いますが
今の卒母世代の母たちは、
幼少の子どもと密に過ごすことが多かった
ように思います。

父は仕事で忙しいことも多いので
おのずと母子の生活に。

寝かしつけ
まで
今日も1人か

仕度できた？
急いでー

母

母だからちゃんとしなきゃ　と思ったり

あなたお母さんなんだから
ちゃんとしなさいよ！　えー　は、はい

などと言われたりしながら余裕のない日々。

大人と話す機会も少ない中　孤軍奮闘

大人と話すことが圧倒的に
少なかったので孤独でした。

そうして孤独を深めていく日々の中

だんだん母と子の

境界線 があいまいに

なってきます。　ひとりぼっちだし　あいまいになる　いつも何かに追われ

知らず知らず のうちに

自分ができたことは子どもできて当然

などと思いこんだりして　えーなんなの！

支配 したり 管理 したりしてしまう。　ふんっ

115

それと人間 自分 が育てられたように
育ててしまう のでやはり見直しが必要。

学業当然
子育ては母親の仕事！ではない！！
キリキリ（必死）
よい母にならねば！
様々なべき思考

そこへ、社会からの 良妻賢母 という 重圧 が
追いうちをかけてくる。
重圧↓圧 ただでさえ
圧→ 圧だらけ

正義 なんてふりかざすものではないし、
母もいろいろ。子もいろいろ。人生いろいろ。

さらに、人間て、日々かけられる言葉 や
言葉の量 に影響を受けやすいので

言葉の内容に気をつけ ◄

言葉の量を減らし ◄

距離に気をつけてみる ◄

母 境界を
↓
↓ →
する！！

どれも見えにくい ことですがあえて意識する。

気付きメモ
夫婦の共有事項、子どもとの共有事項など分けてしっかり対応する。気分で愚痴ったりしないように、発する言葉にも意識を広げる。

具体的にやってみたのは

1 話はさえぎらず"アドバイスせず
　聴くこと。[傾聴]する 😊 ▭

2 相づちについて気をつける

[驚きすぎず]◁　[喜びすぎず]◁
　　　　　いつも[同じ]トーンで。

怒ったり、感情をぶつけたりせず。(ありの)
どんな内容でも上から見ない。(ままで)

　　　　(余計なことなど)😑(言わない)

┌ ─ ─ ─ ─ ─ ─ ─ ─ ─ ─ ─ ┐
[命にかかわること] [法にふれること] 以外
そっと見守る。[本人の気持ちを大切]にする。
└ ─ ─ ─ ─ ─ ─ ─ ─ ─ ─ ─ ┘

意外なことに、子どもたちもフィードバックを
してくれました。(お母さんここで怒らないの?!)

😊(お母さん変わったね、話しやすくなった。) (関係は変化します。
ひとつひとつやってみよう。)😲

┌─────────────────────────────┐
│ **気付きメモ**
│ ともかくも言葉に気をつけて、干渉せず、「ダブルバインド」に注意して過ご
│ せば、自ずと関係性は変わってくると信じて。
└─────────────────────────────┘

117

24

ふきげんのゆくえ

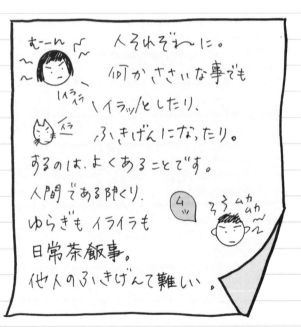

わたしの場合、人のふきげんを浴びると
とても疲れてしまう性質があります。
知らない人でも、舌打ちしたり、ハッ当たり
したりする人を見ると、とても疲れるので、
すばやく ささっ とかわして、
その場から離れるようにします。

逃げる

でも これが家庭も内で、まして
自分の子ども だと、 イライラ 大丈夫？

つい 大丈夫？
元気ない… なんて
大丈夫？

きいてしまう自分がいて…。
しかもそのふきげんを「自分のせい？」何かした？
なんて思ってしまい、ダメージが重い。

でも 卒母あたりの母 が目にする
反抗期の子どもの ふきげん て、

? そもそも親は関係ない？
　　　　　　　　　　よね？

私が全部拾うことなかった！

ツツ 話をきいてあげて

こうしたら？ とか ああしたら？

なんて昭和なアドバイス大きな
　　　　　　　　　　お世話!!

子どもはそのもやもや が何か
自分で考えたり もやもやと向き
　　　　　　　　　あう
友だちと話す、ということが大切。

家族内の誰かの不きげんに左右される人は

キョリ もやもや もやもや と距離を
とって、自分の心を守ろう。

もちろん 困っている とか こうしたい と
子どもから 提案が出てくれば一緒に考える。

ちなみに、その ふきげん や イライラ って

寝不足やホルモンバランス
気候や体調 からくる
かもしれないわけで。

他人のふきげん は
私の問題ではない

気を付けたいのは

親だから 子だから 家族だから といって、

むやみに感情をぶつけないこと。

ふきげん

自分のごきげんは、自分でとっていく。家族各自

心配ごとや不安は人と話したり、外で

相談 や ケア して 精神的自立を育もう!

気付きメモ

不機嫌になることで自分の気持ちを理解してもらい、相手を動かそうとする構造がある。怒鳴られたり命令形で言われた時は応じず、「不快」を伝えていく。

25

自 分 を 大 切 に す る

母って社会のイメージの中で
[自分を犠牲にしてこそ！]
ということが多いと思います。

{子どもや夫、家族に尽くしてこそ}
というか。

そういう[母性]が女性に押しつけ
られているから母は責任感・罪悪感
を背負い、自分を
大切にしづらくなる。

①あるべき母
②自分

自分は
このンス

気付きメモ
他人でも家族でも、人が要求するイメージするキャストに自分を合わせないこ
とが大事。自分は自分で良いのです。

そうやって毎日、人の目を気にしたりする中、
(自分)を後回しにしていると、自分自身を
知らないうちに大切にできなくなって、

おーい！ 本当の自分

キョリが
すごいので
きこえない

母

本来の自分とコンタクト
できなくなってきます

すると (自己実現) や

(自分らしさ) に対してのアクセスを
自ら断ち切ってしまい、考えなくなる。

じとー

そうしてだんだん

他人が生き生きしている姿を見ると

不安要素に感じて、ネガティブな

気持ちを抱いてしまったり。

また 自分ができないことを

責めてしまったり。 私はダメだ…

と、なりがち。

123

「自律」とは、自分自身の感情と一致
した生を生きること。　脱ぐ！　ぽっ

表く向きの<u>とりつくろい</u>から脱すること。　不偽りの自分

強さや痛みを同時に認めること

そして、

成功　完ぺき　を目指さない←ゴールじゃない

これはゴールじゃない

これらしはうっかり自分が作り出してしまった
幻想かもしれません　幻想

"一瞬"掴めたかも！と感じたとして、
それが長く続くわけでもなく。　そうだね
毎日は
ゆらぐ
もの

目標を持つのは大切なことですが、

成功ととらえずに　自分を大切に生きる

ここに気付くと、中年期でも　たしかに　ふむふむ
息がしやすいような気がします。

そうして自分を長らく蔑ろにしてきてしまった
人生だった気付きもあり、人生後半は
もう少し 素の自分 を大切にして
過ごしたいな、と思いました。もう誰かの
ジャッジ とか 評価 で生きるのは、
自分らしくないな 評価は いりません 自分 が大切!!

"人間そもそも そういうものでしょ"

と思いませんか？
もちろん 社会の望むあり方 を生きる方が
生きやすい、という人もいると思います。
その 多様性は良いこと 。それに 個人自由 。

みんないろいろ、みんなよし

自分を
大切に
ね！

人生、勝ち負けじゃないでしょ

正解 でなく、その人の 最適解 を探す。
世界を見渡すと、幸せのあり方いろいろ。自分大切。

気付きメモ

自分の感じる「違和感」が大事な問題のヒントになることが多いので、違和感
は大切に。

26

ふきげんの波を ユーモアで乗り越える

母が卒母を迎える頃、子は思春期。
思春期は親に対して（依存）と（反抗）
という矛盾した態度が共存する時期。
親も親でただでさえ大変な
中年の危機の中ですが、そこへ
子どもが投げてくる（言葉）や（行動）
に対していちいち荒てず焦らずに。
上がり下がりなく
ゆる〜く対応です。

おちついて…
真に受けない

親は苦しいながらも 返す言葉 行動 を
一定にすることを目指します。 動じず

子によりそい 見守り 伴走すること。
時に 添え木、浮き輪 になりつつ。

…なんて言うのは簡単。現場はいつも
混乱しているし、単純でもない。

親として、かなり高レベルの
対応を迫られる…うぅ… つらすぎ ひどい！

さらにいえば もろに影響
受けると
身がもたない

季節 気候 気圧 などの自然要因や
あと 受験 やライフイベント いろいろ。

あ、いいね！

同じ年頃の子を持つ母仲間と話していて、子どもに、もしかしてナースのように接するのは良いかも！というアイデアに至りました。

朝「血圧をはかりまーす」

今日は体調どうですかー？

と、少し他人モードで聞いてみる。

また夕方くらいにもう一度。

失礼しまーす、血圧の時間です

なんて言いながら訪れてみる。

子はおどろきつつ、つきあってくれることも。

休みだったりして、家に子どもがいる時は

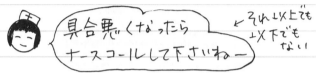

具合悪くなったら
ナースコールして下さいねー

←それ以上でも
以下でも
ない

なんて言いながら定点観測。　めめ

（本当に病気の時は除く）

そうやって"ふきげんの波"を

ユーモア　で"乗りこなしてみたり。

無駄な衝突は
回避していきたい
ものです。

おっいい波きてるョ！

27

また聞きの効能

卒母世代のご家庭は
〈思春期・青年期⊕中年の危機〉
なので、何かと毎日ギスギス
してしまいがち。　イライラ

いつも誰かが誰かに
イライラしているような日々です。
誰もぶつかりたいわけでもない
だろうし、ぶつかればいいという
話でもないように思う。

家族の
むずかさ

子どもが小さかった頃は　うん

そのままストレートに話せば　あれ
これ

伝わっていたようなことも、

この時期はなかなかむずかしい

うまく伝わる方法ないかな？

そんな時こそ!!

また聞きー!!　お!

人は　第三者から得た情報を
信頼しやすい　たしかに一！

家庭内の
口コミかな　わ　○×△□
あ

俗に
これを　ウィンザー効果　といいます

心理学メモ

ウィンザー効果：その人が自ら発信する情報より、他者を介して発信された情報の方が、信頼されやすいという心理効果。

ことに 第三者のほめ言葉 は

どんな時も効果ありますよね!!

うれしい

これまでの人生でも度々経験を

してきたのでわかるー!

思わぬ角度からの評価は嬉しい!

これを!! 思春期の人にも!! 時々!

お父さんが
〇〇くん、よく
やってるねーと
言ってたよ

とか。

日々のことば

うまく拾って
おいて
ここぞ!の時に
伝える。

ウソでなく!ー

すでに ハブを降りた母としては

また聞き伝言係 としての活動に

おーい

ほめる

シフトしていきます。みんなに良いこと。

円滑な家族内コミュニケーションは
上手に目指したいもの。

対話が大切 なのは基本ですが

やはり 対話のむずかしい時期には
上手に伝える きっかけ をつくって

いきたいものですね。

おばあちゃんとかも

家族内メンバーでなくても、もちろん
家族外の誰かでも効果アリ!!

ニャ

祖父母や、友人、支援してくれる人と
（学校や塾の先生、ときに専門家）
上手に連携しながら、気持ちのよい

誰も
傷つけない

コミュニケーション の工夫で
乗り切りたいです。

28

読み違いは多様性

青年期研究の先駆者である
G.S. Hall (アメリカの心理学者) は、
不安と動揺にゆらぐ"
青年期を (疾風怒濤
Sturm und Drang) と表現
しました。
*青年期は adolescent
11歳から25歳くらい (現代では30才に延長
ともいわれています)
彼らは幕末のような
(たいへんだ) (あちらも)
何かの変革期の中を生きている
そうです

G.S.
Hall
さん

心理学メモ

グランヴィル・スタンレー・ホール (1844—1924) 心理学者。アメリカ心理
学会の初代会長で「青年心理学の父」と呼ばれた。著書に『青年期』など。

これまでの安定がゆらぎ
体も心も急速な発達が
始まり、不安と動揺を生きる。

息をしているだけで
たいへんだニョ

苦悩 と 理想 と 古いものへの反抗

そんな中で

うえーん

お母さんのせいだ！ とか

子どもも不安定になることも多く。

がーん

接点の多い母はつらい言葉を浴びがち。

毎日まあまあ何かある！

毎 日

日 目

ひー

こんな日々が青年期の間

25歳〜30歳くらいまで続くなんて。

ここは中年としてはのんびりいきましょう。

親が思うペースで子は育たず。
その子のペースもあり。

もう母のせいではない

心理学メモ
「疾風怒濤」とは、激しい風が吹き荒れ、大きな波が荒れ狂う様子のこと。時代が激しく動き、大きな変化が起こること。

そんなある日。子どもが思いがけない

タイミングで聞いてきました。

ねえ
お母さん
おこってる？

え！
何も！

↑
考えごとしていた

全く何もイライラの要素も
ない時だったので驚きました。

集中

過集中に
入るとき
とかかな

何度かこんなことがありました。

思い返すと 私の体調が悪い時 とか

ごめんね！

集中して考えごとをしている時 とか。

悪気なくても、そう見えていたのかーと。

親も子どものこと読みちがえているかも。

同じ1つの出来事でも、見ているもの
はそれぞれ。拾っていること もそれぞれ

家族
とはいえ
他人。

細かいところまで正さず、違うこと前提で
付きあっていきたいですね。

ただでさえ、混とんとした日々。

さらにお互いの勝手な読みちがいで

親子ムダにぶっかったり、悲しんだり。

逆に一方的に喜んでいたりするかも。

親だから　子だから　家族だから

といって、相手の心が100%ぜんぶ

わかるわけがない。自分の心すら　NA
　　　　　　　　　　わからん　HA
　　　　　　　　　　　　　　NA
だけど　バグも含め　　　　　NA

受け流すことが大切なのかも。

いろいろあるけど　　くらいの
まあ、いっか！　　流すイメージ

　　　　　　　　　　　　　　そっか

勝手に想像したりするのをやめて

個人として対話をしていきたいものです。

29

一 段 ス テ ー ジ を 降 り て
接 し て み る よ う に す る

卒母世代のみなさま、
おつかれさまです。

卒母

オツカレサマ
デス

これまで母としての役割を
まじめにがんばってきたことと
思います。まわりからそれを
ほめられることがなくても

それぞれにしっかり積み上げて
きたもの があると思います。

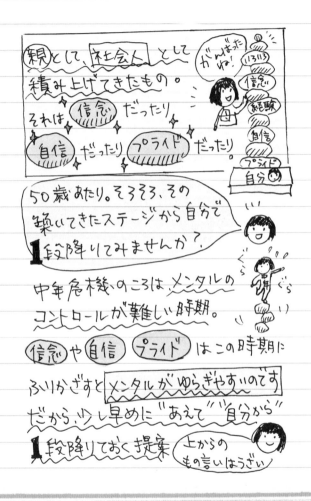

親として、社会人として積み上げてきたもの。それは信念だったり自信だったりプライドだったり。

がんばったね！／いろいろ／信念／経験／自信／プライド／自分

50歳あたり。そろそろ、その築いてきたステージから自分で1段降りてみませんか？

中年危機のころは、メンタルのコントロールが難しい時期。

信念や自信プライドはこの時期にふりかざすとメンタルがゆらぎやすいのです

だから、少し早めに"あえて""自分から"1段降りておく提案　上からのもの言いはうざい

気付きメモ

親がいつまでも親らしく壇上から接していると子どもは「子どもの役割」を演じ続けてしまう。そろそろ目線は同じでよいかと。

そして、**1**段降りるための土壌として

疲労をためない！よく寝てよく食べる

"女ぶり"や"うまくいかないこと"と 自分 の間に

（キョリ）適正な距離をとること！

（大切）動揺しやすい年ごろなので
いろいろな 出来事 についての 姿勢 を
つくっておく。まっすぐ受けとめすぎない

無理にいい人をやらない

相談先も大切に

そんなふうに余計な力を外して、
おだやかに過ごせるようになると
まわりとも 調和 しやすくなる。

だれも
責めない

人生後半からは
まわりとの調和も大切。

自戒こめて

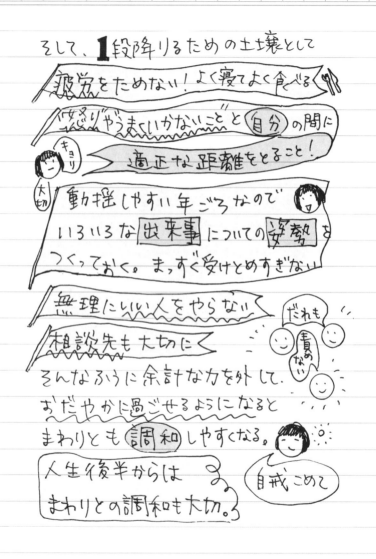

140

中年は 体力 とか 気力 視力 などの
低下については 自覚しやすいですが

この 自信低下 については
自覚しにくいもの。

いろいろ
低下中

DOWN

ひー

自己イメージ って 大きすぎても

大きすぎ

自己

小さすぎても 良くない。

自分を極端に小さく "下げない" 心がけも
大切。

そのためにも 友だちと.

よいところをほめる会 とか

ほめ

ほめ

やっていくと良いですよね。

自分ではわかりにくいと思うし、

人のよいところを話す中でいろいろな

発見もあります。 自分のよいところ
再発見していこう!

わたしのくふう

友人と定期的にほめほめ会とかヘラヘラ会とかやっています。

30

連絡方法を見直す

みなさん、親子のコミュニケーション
どうしていますか？
反抗期あたりからの親子間の
コミュニケーションについて悩ましい
場面などありませんか？
←スマホ

今は便利なツールがたくさん。SNSは友人だけでなく、家族間の連絡にも使っている人、多いのではないでしょうか。

ピコーン！
帰りに牛乳買ってきてー！
すまん〜
とか
うち
ピコーン！

あしたの部活
お弁当もっていくみたい
ピコーン！
前日だけど
とか

ピコーン！
オッケー
とか

現代ならではの便利。

わたしのくふう

関係性が揺らぐ時ほど、子どもとのスマホ内での過度な言い合いは避けたいものです。子どものあおりに「律儀に返しすぎないこと」も大事。一呼吸置いて。

けれど

たとえば 親子間でトラブルが
おきた時、お互いにヒートアップ
してしまって、いらぬ言葉まで
書いてしまうとか

文面から伝えたかった
ことを読みとって

そんな
つもりじゃ…

もらえなかった、とか。逆もしかり。

便利や快適が、必ずしも
良いとは限らないかも

うーん

親だから　子だから　家族だから
何を言ってもよいわけないよね。

距離に気をつけていこう。文字コワイ。

わたしのくふう

2つメッセージを書いたとしても、1つだけ送るなど、親は余計なことを書か
ないように気を付ける。ゆっくりめに対処。

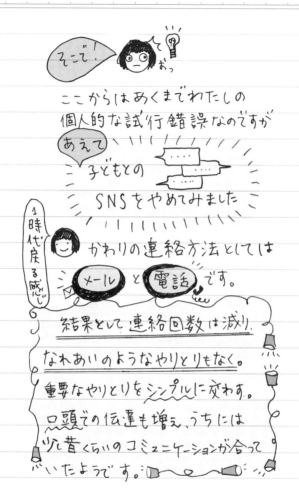

そこで！

てっ

ここからはあくまでわたしの
個人的な試行錯誤なのですが

あえて

子どもとの

SNSをやめてみました

時代戻る感じ

かわりの連絡方法としては

メール と 電話 です。

結果として連絡回数は減り、

なれあいのようなやりとりもなく。

重要なやりとりをシンプルに交わす。

口頭での伝達も増え、うちには

少し昔くらいのコミュニケーションが合って

いたようです。

わたしのくふう
ザイオンス効果（単純接触効果：くり返し接することで好印象をもつようになること）の逆を行く。家族間のやりとり減らして距離を作る。

31

アイ・メッセージ

家族に何か "伝えたいこと" が
あるとして、その "伝え方" よりも
ついつい 感情が 先に走ってしまう
場面で、子育ての あちらこちらで
おこることだと思います。
たとえば「お皿洗っておいてよ！」
などと、イライラが 前に出てしまい
そのあと反省したり ちょっと 言い過ぎた

わたしのくふう
常に「自分はどうしたい？」と自分に聞くような思考に変えました。そうする
と主語に「私は」がくるようになります。

そんな時にオススメなのが

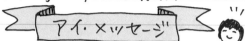

アメリカの臨床心理学者の
トマス・ゴードンさんが提唱した
コミュニケーション方法です。

トマスゴードン
1918-2002

主語を(わたし)にすることで

伝えたいことをスムーズに伝えます。

(You)と(I)を主語にした場合のちがい

(You)ユー メッセージ (You)を主語にした伝え方	(I)アイ メッセージ (I)を主語にした伝え方
・支配的に なりやすい。 ・気持ちが 伝わりにくい ギスギス (責めがち)	・やわらかい 表現に。 ・お互いを尊重した 伝え方 (伝わりやすい) やんわり

気付きメモ

今振り返ると昭和は大変な時代だったな、改めて思います。その時代で育って
きてしまった人はどこかでバージョンアップせざるを得ない時がくる。

147

You メッセージ と I メッセージ について

親子の やりとりで 比べてみると

You メッセージ	I メッセージ
(あなた) 片付けてよ！	(わたしは) 片付けてくれたら うれしい
(あなた) どうして やってくれないの！	(わたしは) やってくれると助かる。
(あなた) また遅刻で。	(わたしは) 心配したよー
(あなた) 何度言ったらわかるの？	(わたし) 何度言っても 伝わらないと 悲しい
相手を責めてしまう	自分の感じる心の 状態を伝える

Youメッセージは 反発が生まれそう？

Iメッセージは 伝わりやすいわ

親子間のほかでも 伝え方として Iメッセージで伝えてみよう

Iメッセージは感情 がおさえられるね

ふきげんな様子も 言葉にするとやりやすい

ところで、ゴードンさんのいうところの
「アイ・メッセージ」とは少し離れますが、
わたしは子どもの頃から人とぶつかることが
苦手で、自分が がまん すれば
場が丸くおさまると信じてきてしまい、
うっかり がまん してしまうクセが
ついてしまいました。
でもやっぱり がまん したり流したりせず、
わたしは 悲しいな。
わたしは心配だったんだよ
自分を主語 にして思ったメッセージを
面倒くさがらずに言葉にして伝えて
いくことが実は とても 大切だと思います。
気持ち って他人には 言葉で伝えて
いかないと やっぱり分からないもの。
感じ方や考え方は 個人個人達って当然。
ちがいも認め合いながら話していこう。

32

行事を見直してみる

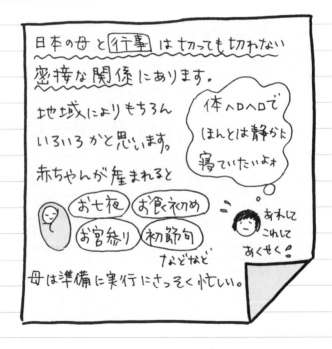

日本の母と 行事 は切っても切れない
密接な関係にあります。
地域によりもちろん
いろいろかと思います。
赤ちゃんが産まれると

お七夜　お食べ初め
お宮参り　初節句
などなど

母は準備に実行にさっそく忙しい。

体ヘロヘロで
ほんとは静かに
寝ていたいよ

あれに
これに
あくせく！

日本は四季に恵まれ
暦に沿う形で
生活サイクルが回っていた
文化背景もあり、行事多め。

春 夏 秋 冬

諸説あり

← 異国の行事?

伝統の文化は楽しく学びにもなる一方で
その行事のしつらえを、母1人で準備
するにはなかなかの労力が必要。

イベント会社じゃ
ないんだ

せっかくやっても
よろこんで
もらえなかったり

悲
えーん

伝統に限らず 年中行事やイベントは
盛りだくさん! 何かのお祝い、記念日、
子どもの受験なども!!

たとえば

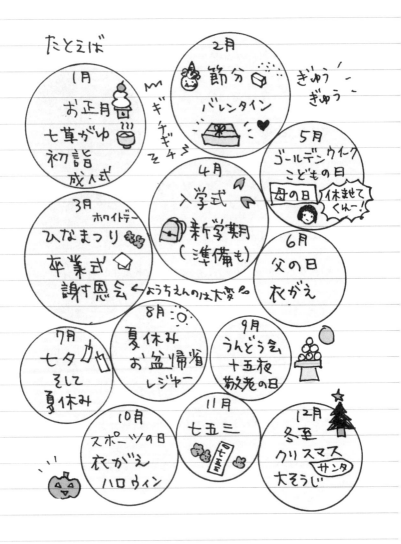

1月
お正月
七草がゆ
初詣
成人式

ギチギギそれる

2月
節分
バレンタイン

ぎゅう
ぎゅう

5月
ゴールデンウイーク
こどもの日
母の日　休ませて
くれー！

4月
入学式
新学期
（準備も）

3月
ホワイトデー
ひなまつり
卒業式
謝恩会 ←ようちえんのは大変♪

6月
父の日
衣がえ

7月
七夕
そして
夏休み

8月
夏休み
お盆帰省
レジャー

9月
うんどう会
十五夜
敬老の日

10月
スポーツの日
衣がえ
ハロウィン

11月
七五三

12月
冬至
クリスマス　サンタ
大そうじ

書き出してみただけでも 盛りだくさん。
見ているだけで クラクラします。
それぞれに タスク満載!!

日々 何もなくても 重労働なのに
行事 が 多すぎるょー

とはいえ、これら 小さい時は一緒に楽しめる
ものもあるし、子どもの笑顔 は サンタさん来たね!
やっぱり嬉しいし、良い思い出もたくさん

そして、子どもの成長とともに変化して
中高生・思春期・反抗期の頃には
徐々に縮小していく おうちも多いかと。

まずサンタさん来なくなるネ 団らんもなくなり
生活パターンも各自様々。

153

うちの思春期突入あたりの 行事変化に

サンタクロースのおわり　うんどう会観覧中止

もうサンタクロース
来ないわ

ぼくは知ってる

うんどう会
行ったほうが
いい？

来ないで

がありました。

そして反抗期MAXのころには

コロナ禍でピリピリしていたこともあり

1月 おせちナシ。「おぞうに」のみ。
2月 節分の恵方巻は西むいて。チョコナシ。

今年は母は
夢のホテル泊も！

巻き寿司は
とくいです
そして人気です。

3月
4月 }とくになし
5月

6月 制服の人は衣がえ。

すき間ができた！

7月
8月 }とくになし
9月
むしろずっと暑すぎて生きるのがやっと

10月
11月 やっと気温おちつく。衣がえ(制服)

12月 希望者のみ ケン○ッキーのチキンを
買っておいたりしました。ケーキなし。
大そうじ 各自。

と変化しました。

わたしのくふう

ついに今年は全員によるクリスマスと大掃除とお正月を終了し、自分時間をそれぞれに過ごしました。わたしはこういう過ごし方の方が好きです。

家庭内で行事を かたくなに守ったり、
参加させなくても 良いのではないかな？

みんなが楽しめるうちは楽しんで
だんだん離れていって、関わりも変化する。

えーと：
子どもから リクエスト があれば 無理なく
　　　　　協力する。お互いに疲れないように。

ケン○ッキーは
希望者が
予約する
回 ミピピピ

年越しは自由。
友人と過ごしたり
バイトしたり
寝たい人は寝て。

うちの
大きなツリー
もついに
手放しました

家の外の友人や誰かと
楽しくワイワイしてくれていたら、
私はむしろうれしいです。
行事も アップデート していこう。

楽しい
思い出を
ありがとう！

わたしのくふう

思春期以降、行事のことから母が手を引いたとしても、小さな頃の記憶には行事がたくさん残っています。ご心配なく。

卒母プロジェクト
中間報告PDCA

できているか〜な？

　どんなプロジェクトも始めてみると、うまくいかないことがあったり、思いのほか効果の出たものがあったりするもの。卒母プロジェクトもただシンプルに、うまくいかなかったらやめてみたり、また新たな方法を模索してみたりしています。家事はやはり「無理のない継続」が大事。

　正解が一つじゃなく無数にあるので、日々がまさにトライアルアンドエラーズの繰り返しです。家族みんなで「振り返り」ができるほど安定しているわけではありません。それでもなんとか、固定観念にとらわれずに自分の行動や家族の行動を見ながら振り返り、また負けずに戦略を考えていきます。

　参考にしたのは「PDCAサイクル」です。「PDCAサイクル」とは、Plan（計画）/Do（実行）/Check（評価）/Act（改善）という4つのプロセスを繰り返して、業務効率の改善を図っていく「枠組み」。日本の企業で多く取り入れられていますが、卒母世代の家庭に取り入れるわけなので、「効率」ではなく、なんとか回せるかな？くらいのゆるめの目標設定にしています。

　卒母を始めてから1年を振り返ると、家事で言えば、「洗濯」は割とスムーズに移行できました。「炊事」も本人たちなりに取り組んでいます。それぞれに「できる時」と「できない時」があって当

然。「生きる」ってそもそも「不安定」であることかも。

　「そうじ」は掃除機の置き場所なども変えてみたり、みんながアクセスしやすい状況を作ることを考えていこうと思っています。「お金」については共有の調味料や庶務の備品を買うために予算を見直してみたりしながら、様子を見ています。

　あと1年くらいしたら長男は大学卒業、この食費＋共有のもの支給システムも終わり。学生のうちは親からの手当があって当然とするような空気も終わるかな。

　卒母を通して改めて気づきましたが「経済的な自立」って見えにくい。ジェンダー的には控えたい発言ですが、うちは男の子ばかりなので、実際に家事をどのくらい分担してもらえるか未知数でした。今では性別というよりも、個人によるかも？　とも感じています。

　「卒母」は仕組を決めたところで、1回で終わることはなく、毎日地道に続けていくプロジェクト。できたことは取り上げてきちんと褒めたり感謝を伝えたりして、引き続き見守っていく。母も続ける中で自分の良い変化をしっかり感じて、拾っていく。全体を俯瞰で見てゆっくり寄り添いながら、寮母的に付き合っていけたらいいなと思います。うちだって、すべてがうまくいっているわけではありません。細々とやっていきましょー！

無理しない
続け方

　ちなみに視点を変えれば、これまでの自分の生き方についてもＰＤＣＡができると思います。この場合、Check（評価）からスタート。大切なポイントとしてはまず「自分の功績を自分で認めること」。中年期はついつい「これで良かったのか？」と自問したり自分を否定したりするところから入りがちで、日本人という国民性からしても自分に満足できることがあったとしても満たされないことが多い。そう、ここがまさにスランプの入り口！

　中年期に感じやすい「閉塞感」は、価値観や感じ方が変わったから起こること。自分を自分で労った上で、自分が本当に望むものをもう一度考えて問い直す。すると Act（改善）を見つけやすくいし、Plan（計画）もまた立てられる。Do（実行）に踏み込む頃にはおそらく見える景色も少し変わってくるかも。短いスパンで、また長いスパンで、ＰＤＣＡを繰り返して続けていくこと。

　いつでも見直せる柔軟性は、これからこそ！　大事にしたいものです。

中年期の
自分のこれまでとこれからPDCA
Check
C
ねぎらい
自分をほめる
ここまでよくやってきた
Act
A
これからのばしたいもの
手放すもの
さてさてととのえる
大切
さようなら
Plan
P
わくわく
ここから計画!!
大切
DO!
D
さあ始めてみよう
いざ!!
いってきまーす

第4章

これからの
自分を考える

33

STOP 心のむだ使い

個人的に思うことですが、集中の炎→ 集 中

1日の集中力 って有限だと感じます。

集中力って 判断力 思考力 行動力 などが

重なり合い、連動してとてもエネルギーの

必要な状態。

自分の大切な ←限りある 資源 集中 集中力を

今 どう使うか で、少し先の自分の

未来が変わってくる。STOPむだ遣い!!

先日、脳外科医の先生とお話する
機会があったのですが

姓名　睡眠障害とか朝起きる
　　　ことが難しい時は、まずは
あと　　22時以降のスマホや
午前中　タブレットをやめてみて下さい
処で
15分以上　　　　　　　　というお話。
太陽光浴びて　　　へえー
　　　　　　　　　ふむふむ

確かに人間も"動物"だし、一理ありそう。
24時間、スマホの電源やwifiを
切らずにいると、常に軽い緊張が
やってきます。目や首のほか心も疲れます。

誰かの投稿を甘く薄く
解釈してうらやましく　おもい
思ったり、重いニュースに　　いらぬ
落ちこみすぎたり。不安の石　　不安

気付きメモ

SNSから心にダメージを受けることも。誰かの顔が出てくるのがしんどくて
SNSは見ないと話す友達もいました。自分の快／不快を知ることも大事。

そういう 〈心のむだ遣い〉 が続くと

判断力 思考力 行動力 もおちる。

そして "なんとなく" 惰性 で過ごしがち。

それなら
15分お昼寝した
しまうが
良くいかも?

すぐ
1~2時間
とか
失って
しまう図

だら
だら

そんな
にたのしく
もない

人をダメに
するソファ

スマホに依存しがちな現代。

だけど
中年
（中年でなくてもですが）

時間は平等に有限く！
です

子どもに スマホばっかり なんて
言う前に自分も気をつけたいもの。

だ〜め

スマホやwifiから離れ
浅い呼吸を深い呼吸に。
顔を上げて エネルギーを
ためて、大切に使いましょ

ぼくも

スマホ

休み
たい

呼吸
も

大切

気付きメモ

文字から受けるストレスって、意外に引きずりやすいので、SNS もほどほどに。
隣の芝生は基本的に青く見える！

と、いうことで、有言実行。 すぐやる課

22時前にはスマホやめて寝ます。

実感としては 朝の目覚めがとても良い

ごきげん
ぱちり
good morning!

目覚ましなくても
すっきり目覚め!! おおお!

夜、子どもにつきあって遅くまでもやもや

だらだらと起きてしまっていた頃は

ついつい

目がショボショボ

スマホを見続けてしまったりして、

朝もいつも眠くて目がショボショボしてた。

同じ1日でも自分の生活時間と

エネルギー消費を見直して、

心と体のコンディションを

自分のペースで整えていく。

OFF..

夜間は
電源切るのも
オススメ×

なんとなくのむだ遣いを卒業しよう!!

わたしのくふう

残酷なニュースなども内容によってはしんどい時もあるので受け取りすぎない
ようにしています。自己流予防線として薄目にしてスマホなど見る。

34

母のバイオリズム

「母」をまじめに"やりすぎ"でいると
しんどい日も「母」をがんばってしまい、
なんなら休憩も休日もないので
うっかり自分の体は後回し。
倒れたら自己責任。
なのに、自分の
"バイオリズムに
目を向けられず"。

しんどい日は
あります

母だって

この「自分後回し」をずっと続けていると
だんだん積もり積もって50代あたり？
体に大きな(不調)が現れるという
話もききます。

そんな未来を
つくらないためにも
母は無理せずに
自分の体にきいてみる。

入院とかは
避けたい
ですね

救急車

ピーポー
ピーポー

自分にアンケート

何がつらい？

朝はわりと
やる気
あるよね

老眼も

うん

20時以降
集中力が
ないよね

フムフム…

あー
たしかに！

徹夜とか
無理だよね

自分①　自分②

わたしのくふう

夕方以降は著しく目が疲れるので、目を使う仕事を午前中に設置することから
逆算しました。

あたらしい わたし時間！

そうして 集めた 自分アンケート を集計して

大幅な 早寝早起きスタイル にしてみました。

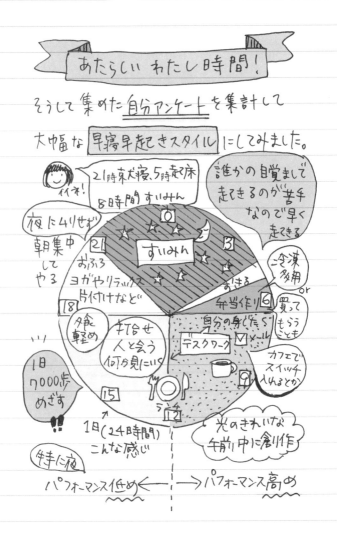

イイネ！

21時末犬寝、5時起床
8時間 すいみん

誰かの目覚ましで
走ってきるのが苦手
なので早く
走ってきる

夜にムリせず
朝集中
して
やる

すいみん

冷凍
多用
or

買って
もらう
ことも

弁当作り

自分の身じたく

おふろ
ヨガやリラックス
片付けなど

夕飯
軽め

打合せ
人と会う
何分見にいく

デスクワーク

メール

カフェで
スイッチ
入れるとか

1日
7000歩
めざす

おきる

ランチ

1日(24時間)
こんな感じ

光のきれいな
午前中に創作

特に夜

パフォーマンス低め ←→ パフォーマンス高め

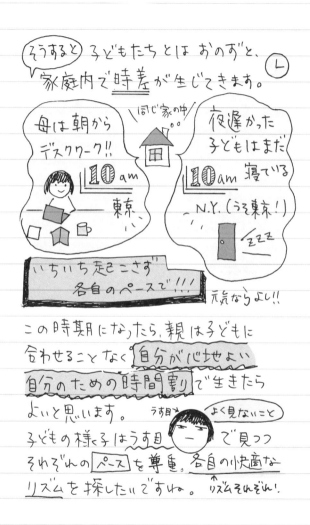

そうすると 子どもたちとは おのずと、家庭内で時差が生じてきます。 Ⓛ

母は朝から デスクワーク!!
10am 東京

┌同じ家の中┐

夜遅かった 子どもはまだ 寝ている
10am N.Y. (うら東京!)

いちいち起こさず 各自のペースで!!!
元気ならよし!!

この時期になったら、親は子どもに合わせることなく 自分が心地よい 自分のための時間割 で生きたらよいと思います。

うす目　よく見ないこと

子どもの様子はうす目 　 で見つつ それぞれの ペース を尊重。各自の快適な リズム を探したいですね。　リズムそれぞれ!

169

35

世界のとらえ方を
変えてみる

たとえばこんな感じ

くよくよ視点 ➡ 大丈夫視点 にかえる

くよくよ視点	大丈夫視点
親なんだから ちゃんとしなきゃ	カンペキ目指さず のんびりいこう 親も人間！
この失どうせ いいことなんてない	たのしいこと 見つけていこう！
失敗したら どうしよう	転びながら 学んでいこう！
否定されそう	意見もいろいろ！
私は無価値	ゆっくりいこう！ まぁまぁがんばってる！

172

こんな感じで

大丈夫！
なんとかなるさー

という大丈夫視点に変換していく (クセ) をつけていくことが、日々の気持ちの (ヘコミ) を 減らしてくれると思う。

世界はとらえ方で変わるかも

肩のちからを抜いて一 深く呼吸 して。
すこし楽に考えれば [好転] することも
たくさんあるかも。 大丈夫！

疲れてくると自分で自分に
[ダメ出し] をしがち。

あ？今わたし [くよくよモード？] って
気付いて [大丈夫！] と 口角上げていこう！

36

母 の ス ト レ ス チ ェ ッ ク

会社などにお勤めだと（ストレスに気付く）
「ストレスチェック制度」というものが
あると思うのですが、わたし含めて
自分で（フリーで）仕事をしている人は
なじみが 薄いかも しれません。（知らなかった）
WEBでも見ることができます。
じつは、これを知ったときに、（どうかな）
「これ家庭だったらどうかな？」と思いました。

気付きメモ

厚生労働省版ストレスチェック実施プログラム
https://stresscheck.mhlw.go.jp

卒母 世代だけでなく母業はどのフェーズ
でも いつも いつも 本当に本当に!!
た!い!へ!ん! ですが

ほんとに
母のみなさん
おつかれさま
です

この ストレス・チェック の質問を
家庭向きにアレンジしてみて、
日本全国の母たちから回答を
集めたら…どんな結果が出るだろうか?

たとえば "仕事" ということばを 家事 家庭 に変換。

A1. たくさんの 家事 をしないといけない。

A2. 時間内に 家事 が処理しきれない。
  ：

A14. 家庭 の雰囲気は友好的。

A16. 家事 が自分にあっている。 など
                              など

これでストレスに気付いたらいいよね

そのままで良い項目もあるとして。

もしも うまく回っていないな とか

自分にはしんどい 違和感を感じる。

など 思うことがあれば、それは仕事と
同じようにまず ストレス だと気付く。
そして ストレス について改善策を考える。

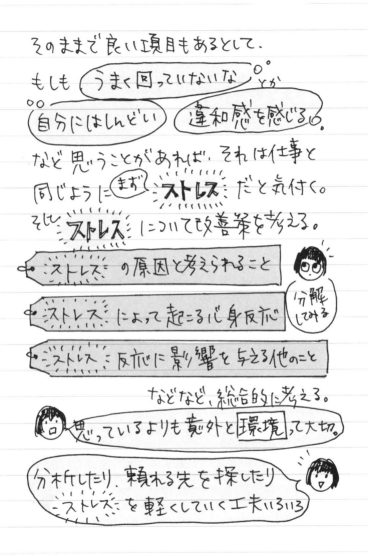

ストレス の原因と考えられること

分解してみる

ストレス によって起こる心身反応

ストレス 反応に影響を与える他のこと

などなど、総合的に考える。

思っているよりも意外と 環境 って大切。

分析したり、頼れる先を探したり
ストレス を軽くしていく工夫いろいろ

卒母時期の 母の不調 って、単純に

加齢によるものだけとも限らず

自分に影響するもの、環境など

によるところも大きいので 魚でいうと水そう

どうせ無理 などと放置せずにまずは

公的外部機関 を頼ってみたり調べたり、

友人 や 専門家 の力も借りて

困っていることについて前向きに

なってみることから はじめる。

そして、母だけでなく 子どもも

ストレス を抱えやすいです。家庭の中で

弱い立場の人に出やすい。不調が

あれば ストレス チェックもしてみて下さい。

37

プチレスパイトのすすめ

レスパイト（respite）って聞き慣れない言葉かもしれません。

『小休止』という意味の英語です。

育児や医療や障害、介護の分野で耳にすることが多い言葉。

ケアをする家族が、日々をつづけるには、時に 一時的な休養 をとることが必要。

休もう！！

自分の子ども が 反抗 全盛 ですこぶる
不安定 な 時こそ! 産後ケア ならぬ
反抗期ケア が 欲しい…欲しすぎる。
母たちは自主的に
自分をレスパイト! して
ほしいと思います。

ちょっと
離れよう

レスパイトの
良くいところ

クール
ダウン!

気分がリフレッシュ
する〜

自分も
ご冷静になれる

ちょっとひと息つけると安心

わたしがやってみた プチレスパイト は

小さいものだと 朝のコーヒー !!

子どものおべんとうを

作り終えたら、朝のいろいろ

を最低限すぱっとこなして （ホっ）わたしに もどる

すぐ コーヒーショップ に行ったりします。

卒母世代は子どももう大きいので、

外で朝ごはん食べるのもアリ。

ゆったり本を読んだり、（時に友人と）

ボーっとしたり、大好物のビリヤニを

食べに行ったり。

子どもの寝坊とかついつい
心配になっちゃうかもだけど

あえて本人に任せてみる。

つい あれこれ 言いたくなっちゃう 時には

お互いのために お泊まり もいとわずです。

すこし離れよう

つらい時は、夫に任せ、

家族に声がけして どこかへ1泊 。

数駅はなれている だけでも 良く眠れたり

します。

わたしも 家から 数駅はなれた

ホテルに宿泊しました。本など読んで

ゆっくりするつもりが、

なんと18時間起きずに爆睡して

フルーツ パフェ を食べて帰りました。

そんなわけで 疲れはとれた !!

外泊で身も心もエネルギー チャージ

していきたいですね!

38

家事を外注してみる

春先や梅雨時期
夏の終わりの台風、秋の長雨。
どよ〜ん 雨が続く時期はそれだけで
気分が下がりがち。☂雨 気分低
そして、そんな時は洗濯物が
どんどんたまっていく！
「そんな時は！」「そんな時でなくても！」
近くのコインランドリー
を頼ろう！ 怠けじゃない

わたしのくふう

例えばウーバーやお惣菜、外食、クリーニング、宅配なども外注家事の一種。
自分は万能ではないので、罪悪感抱かず。

それに一気にたくさんの洗濯物を干すの
って、それはそれでハードルも高い。

そんなわけで乾燥機利用オススメです。
(ちなみに花粉の季節にも重宝★!!)

個人的には
コイン
ランドリー待ちの20分、
本を読んだりするのが
好きです。

集中

ぼくは1人暮らしをしたら
毎日タオルをふかふかにしたい！
と子ども。
イイネ!!

ランドリー以外にも「家事の外注」とり入れよう！

気付きメモ

抱えずにどんどんサービスや人を頼っていいと思います。そうすることで雇用
も発生しているはず。

家事外注やその他 いろいろ

食く

フード
デリバリー
サービス

おそうざい
テイクアウト

TAKE OUT!

OBENTO

カンベールカレー
ポークビンダルー

レトルトも
最近は本格的！

週1の食事作り置きサービス
や、ミールキットの宅配

便利！

とっても
助かる！

そうじ

ハウスクリーニングや
おそうじ代行。

年末でなくても
いいね

キッチンや
換気扇、お風呂や
水まわりのおそうじなど
プロにお願いしてみたり

185

39

50 秒 で で き る こ と

子どもがまだ小さくて
~~母~~業まっしぐらだった頃
あせあせ

すごく疲れているけど
これは50秒でできそうだから
がんばろう。うぅ…

という感じで、少しでも何かできる
ように工夫していました。
卒母を目指す中で、この"50秒家事"
を家族に任せてみました

気付きメモ

自分のキャパを過信しないこと。小さいことでも無理や我慢をしないように見直す。

「50秒でできること」って じつは 子どもも取りくみやすいこと

50秒 あれこれ

かんたんな トイレ そうじ！

トイレットペーパーのロールをしまう

ごみすて

そろえる

出しっぱなしのくつをしまう

シャンプーなどつめかえ

洗ったお皿をしまう

などなど。

手はじめに手伝ってもらう目安？にも。

ご家庭ごとに、できることがいろいろありそう。卒母の手はじめに、家族へたのみやすいですよね。というのも！

人生の時間は有限です。限られた時間は大切に！

抱えずに渡してこ！

わたしのくふう

はじめは大きなことが言いにくくても、小さなことだとお願いしやすいです。

ほかにも

机をふく

通りすがりの
床ワイパー

イイネ!

1日
いつでも
いいわ

コロコロ

階段の
ふきそうじ

雨の
翌日
かさを
干す

さとう
調味料のつめかえ

ひとつ
やると
気持ちいい

子どもも
わりと
好きなこと
あるかも?

段ボール
ひもでしばる

プリントの
整理

電子レンジや湯わかしポットの
ちょっとした待ち時間とか

お風呂の沸かし待ちとか

1日のルーティンにしてみるとか

良いかもですね

おうちによっていろんな
"50秒でできること"がありそう

祖母の手はじめに、家族にたのみやすい
50秒でできるサイズの家事。
とり入れていけたらいいですね。

40

さんぽのススメ

卒母について どう取り組むのがよいか
日々考えていたのが、ちょうどコロナ禍
だったということもあると思いますが、
さんぽって、家族にとっても、自分にとっても
良い ということが

今更ながら
とてもよく
わかりました。

好きな
パンを
買ういでに

おさんぽ
おさんぽ
スタスタ

何か 目的 がないと動けない
タイプのわたしは、これまで
あてどなくのんびりさんぽ という
余白いっぱいのさんぽ をしてきませんでした。

てっ
てっ
わからん

みる青い味

そんなわたしも コロナ禍のあおりを受け、
運動がてら さんぽ をとり入れてみると。

ん?

頭の中
が
スッキリ
してる!

スタ
スタ

とても
リフレッシュする!! ☆

そう

人間の3大疲れ

には

おなじみ
体の疲れ

おなじみ
心の疲れ

そして!!

頭の疲れ!

それから
1日6千歩くらい
歩くように

グルグル

…諸説アリ

があるそう。

そしてその

頭の疲れ にはさんぽが良いとのこと。
頭がグルグルしたらさんぽしよう。

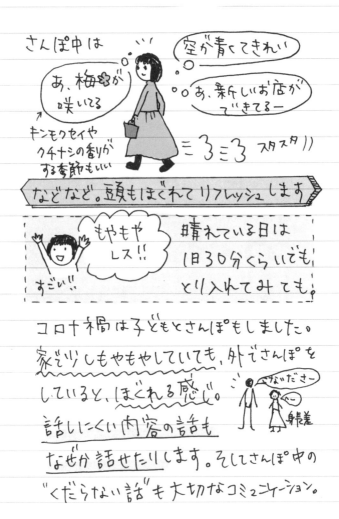

さんぽ中は

あ、梅が咲いてる

空が青くてきれい

あ、新しいお店が
できてるー

キンモクセイや
クチナシの香りが
する季節もいい

ミミ こ3 こ3 スタスタ))

などなど。頭もほぐれて リフレッシュ します

もやもや
レス!!

すごい!!

晴れている日は
1日30分くらいでも
とり入れてみても。

コロナ禍は子どもとさんぽもしました。
家で少しもやもやしていても、外でさんぽを
していると、ほぐれる感じ。
話しにくい内容の話も
なぜか話せたりします。そしてさんぽ中の
"くだらない話"も大切なコミュニケーション。

こないださー

身長差

同世代の友人に きいてみると —

もともとさんぽ 好き—

骨粗しょう症 のため 歩いてるョ

わたしは カルディ ぐぐり のついで!

ケータイで 歩数管理 してるよー

位置 ゲーム してる!

1駅 タタ 歩いて 帰ってるよ。

コンビニの 限定商品 さがしたりしてるよ!

など など

わりといろいろ、みなさんそれぞれ!

わたしも やってみたくなる キカリロ が 増えました。!

楽しみの オプション あってもなくても!

わたしは、子どもに ススメてもらった 足取り軽リランニングシューズを 購入。楽しんでいこう—

早足で あるける

気付きメモ

家で話しにくいことがあっても、外だとのんびり感があって、話しやすいと思います。人生後半こそ、さんぽも大事にしていこうと思うのでした。

41

親 も 居 場 所 を 持 つ

気付きメモ

惑える時期こそ、別の世界に入ってみると刺激がもらえる。居心地の良い場所は必ずどこかにあるはず。合わなかったらまた他と繋がっていけばいいかと。

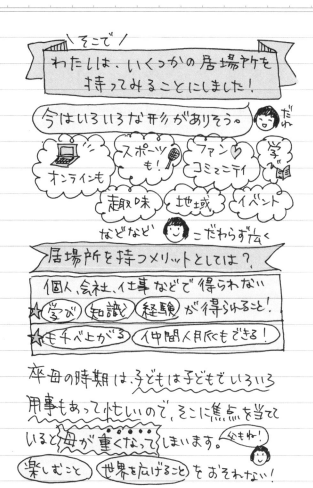

＼そこで／
わたしは、いくつかの居場所を持ってみることにしました！

今はいろいろな形がありそう。 だね

オンラインも

スポーツも！

ファン♡
コミュニティ

学

趣味　地域　イベント

などなど　こだわらず広く

居場所を持つメリットとしては？

個人、会社、仕事などで得られない
☆ 学び　知識　経験 が得られること！
☆ モチベ上がる　仲間人脈もできる！

卒母の時期は、子どもは子どもでいろいろ
用事もあって忙しいので、そこに焦点を当てて
いると母が重くなってしまいます。 母もね！

楽しむこと　世界を広げること をおそれない！

わたしのくふう

フリーランス的な私の生活スタイルには、定期的に会う、という居場所はとても有難いのでした。コロナ禍も今も「同世代との雑談」は大事。

家で親が イライラ とストレスを抱えながら
うっかり世代をまたいだ愚痴をこぼす
くらいなら、外で活動のついでに悩みを
シェアして すっきり してきてくれた方が
家族全体にとって良いですね！

母は母で 別の軸 を持ってみる。

わたしは、1人で到底できなかった 金継ぎ
を、友人に教わったり、 ビリヤニ というインドの
炊きこみごはん が好きなので、友人と
ビリヤニ同好会 (不定期) を始めてみたり。
また、コロナ禍のオンライン仲間と NPO を
立ち上げてみたり、オンラインで 学び や ヨガ も。
好奇心も満たされ、自分のできる
ことを生かし、感謝したり、されたり。
じぶんの健康 につながることがいっぱい。

ねぇ
きいてよ

子どもに
愚痴らない
こと！

子
ど
も
に
も
良
い
事

自
分
に
も
良
い
事

子どもも 居場所 の必要な時代ですが
親も 居場所 を持って、人生後半に
向けて世界を広げていたら良いかと。

1つでなく複数の
居場所があれば

いろいろ
あってば
つながり
つながり
つながり
つながり

何かで動きが止まってしまう

ものがあっても、どれかは残っているかも！

それに1つに集中しすぎずに

依存に
注意！

居場所と自分の距離を適切に保てる！

個人が共同体に属することで 信頼感

や 貢献感 を得ることができる。改めて！

誰もが 不完全な存在 であることを理解

していく。

どんどん
つながっていきましょー！

ありがとう
ありがと
わたしも
助かった！
こちら
こそ

42

キャリアをあきらめない

女性と男性の賃金格差って社会問題でもあります。
なかなか改善されない…

さらに<u>コロナ禍</u>は対人職の多い女性が影響を受けた <u>女性不況</u> といわれています。

（男性不況は2008年のリーマンショック）
コロナ禍を機に、DVやジェンダー女性・女児の窮状、貧困も可視化されました。

不平等ッラ
平等はいつ？

参考メモ

男女共同参画局 HP
https://www.gender.go.jp/about_danjo/whitepaper/r03/zentai/html/
honpen/b1_s00_00.html

それぞれに 女小生 である母たちは.

問題に直面したことも 多かったと思います。

コロナ禍のあと. 問題A 問題B 問題C

どんなだったか

多くの母たちと話していると感じます。

やっぱり お金は大切 ですよね！

ね！ だいじ！ ほんと！ $

だから キャリア をあきらめない！

自分のこの先の人生の選択肢の
数が変わってくるのです。

『っしかない』 より 『選べる』 にしたい。

プランA
プランB
プランC

気付きメモ

どうせ、と思ってしまうのは心のくせ。できるかどうかわからないけどやってみることがこれからの自分を作っていく。自分を信じて。

だから、育児を機に離職した母も
元々専業主婦だった母も、ブランクに
おびえずに前向きに構える。

今が何歳でも今が一番若いし
ブランクは単なる白紙でなく熟成期間！

時間をかけたものは強みになる！育児でも！

うまくいった時の条件や要因も考える

自分だと気付きにくいこともある

得意なことも書き出す。

友人に 自分の良いところ を
聞いてみたり、抱えている 不安 も

書き出してみる。 わいわい わいわい

そこから自分の

強み を洗い出す！ 自己分析 ＋ 他者評価

他者評価 も大切です。どんどん話そう！

参考メモ

OECD：男女間賃金格差 (Gender wage gap)https://www.oecd.org/tokyo/
statistics/gender-wage-gap-japanese-version.htm

さらに 始めてみること やめてみること

のばしてみること を整理して

できそうな人はそのための スキル も身に

つけてみたり、興味の向く分野の勉強も。

そして
同分野 異分野 → 同業種 異業種 → 同分野 異分野

役立てる場を広げてみたり。

苦手克服 を目標とする
よりも

人のつながりも
大切かもね!

自分の得意を伸ばす方向に!!

無理なく続けられる方法を考える。

そして、考えすぎずにやってみる! ← 大切な
ポイント

人生後半は、誰かの役に
立てたり、何かを教えたり。
という要素もメンタルに良いとか

対面 どっちも オンライン

おそれず!自分の キャリア を考えていこう!!

43

今できることに集中

日々、多くのストレスにさらされる私たち。そんな中、うっかり

怒り　悲しみ　不安　に支配されがち

そんなふうに自分の感情に振り回されてしまうなんて、もったいない…

感情が自分を支配してきたな？と感じたら、落ち着いて自分の心に意識を向けてみましょう。

評価したりせず、「べき」思考も外して

自分が今何を感じているか
シンプルに観察してみます。

紙に書きながらやってみてもイイネ！

うじ
うじ　自分　もや
　　　　　　もや

原因を
探ったり

未来へのわからん
不安もちがち

過去　→　現在　⇒　未来

根にもっていること

お金の
心配
とか

いくら
持っていても
安心はない
とのこと
by
税理士
さん

子どものころの
こととか

過去も不安！　　未来も不安！

遠い過去や遠い未来を考え過ぎても
それらは変えられないしコントロール不能。

不　ずーん　安　だから不安しか生まれない。

今に集中することだけが肝心。

自分が コントロールできるのは

そう **今**!! まさに **今**でしょ! なのです。

過去のことで 何かあれば
よし！ガンバに！ **今** 改める！

大切なのは 余計な考えは
捨てて **今** 必要なことに
しっかり脳のメモリをあてていくこと。

ゴミ
ポイ

ゴミ

ついつい、不安に 振り回されがち

ですが、**今**の自分に集中 できるように

なると、だんだん （余裕） がうまれて

きます。自分のことを
は、、 今
やって
に!!
いいね！
俯瞰で見ることが
フカン
できるように。 悲しんでばかりじゃなくて
今何をするかだ!!

自己認識力　　自己管理能力
セルフアウエアネス　セルフマネジメント

自分をわかろう　　自分を望むように

この2つのバランスを見ていく！

やさしくしてあげよう

そうすると

あっ！今集中できてイイ感じ！！
こういう目的でやりたいように動けているー！

あ、これは不安に支配されているぞ

落ちついて書きむしてみよう

などなど
感情にとらわれにくくなります。

ある程度の不安や落ち込みは仕方ないけど、今できることをひとつひとつ。積み重ねていこうー！！

手をうごかそう

気付きメモ

自分の欲望を原動力に「今」動いていかないと、誰かを恨んだり呪ったりすることになる。他人の目より自分の心に忠実に。

おいしい
にんじん
どれかな?

column ④

いつか自立する日に向けて
～家事と感覚について考えてみた

　心理学の本を読んで、思春期でも、「無理！」とか「どうせダメでしょ！」と諦めず、家事に必要な「感覚」を育てていくことを考えてみました。人間は日々感覚や運動を通して生きていて、そのために五感が大事なのはいうまでもないのですが、その五感（視覚、聴覚、味覚、嗅覚、触覚）が現在は八系統に分類されるようになっているそうで、それはわたしの中でとても新鮮でした。八系統としては視覚、聴覚、味覚、嗅覚と皮膚感覚、自己受容感覚（運動感覚・位置感覚）、平衡感覚、内臓感覚。さらに皮膚感覚については触（圧）覚、温覚、冷覚、痛覚に分けられるとのこと。確かに、わたしたち人間は毎日じぶんの体と外の世界のデータを照らし合わせて生きていて、毎日は奇跡の連続。なのに、意外とそんなことはいちいち考えないで過ごしてしまう。これらみんな、本当に当たり前？という気持ちで見ていきたいな、と視点を下げてみる。

　例えば朝を例に。天気を見る、気温に合わせて服を選んで着る、水で顔を洗って冷たいと感じる、朝ごはんに食べるものを考えて準備する、味わう、片付ける。季節の中で肌の乾燥を感じ取り、髪がはねてるとか身だしなみを意識して、荷物を整え、靴を履き、コートを着る、傘を持つとか実際にたくさんの感覚を使って情報を得て、ほとんど無意識に近い感じだったとしても行動している。出かける時間に間に合わせるのも大事な感覚。

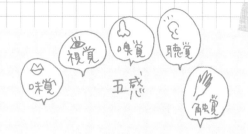

　家事ってさらにそこから一段難易度上がった感じでそういう感覚情報が集結してやっと成り立つと思います。「感覚」は生きるために大事なのに、ないがしろにされがちで、現代はエアコンもスマホもあるし、さらに身の回りのことを親がやってあげているとその「感覚を能動的に感じる力」が育ちにくいこともあるのでは、と思っています。例えば料理一つとっても、美味しい野菜を見分けたり、肉などの具の火の通り具合を確認したり、調理後何日くらいで食べきれば健康に害はない、などそういう情報が必須。さらに味の好みまで、たくさんのタスクの連続。

　そういう家事を任せていくことで、人間としての感覚も研ぎ澄ませていってほしいな、と思うこと。それは願いに近い気持ちで、それぞれの発達を待つことでもあります。

　子どもにもそれぞれのペースがある。ちょっと時間がかかるかもしれないけど、どれも獲得の大事なプロセスだと。感覚が揃って来て、自分の中の快不快がしっかりわかって、苦手と得意も理解してくれば、感覚の自立から生活の自立に近づくのではないかなと思います。だから、思春期でも、諦めずに、獲得してくれるのを待つ姿勢で過ごしたい。卒母世代の「待つこと」の大切さかなと思います。わたしも今年は「待つ」が目標です。

参考図書『心理学　第5版補訂版』鹿取廣人・杉本敏夫・鳥居修晃・河内十郎 編
（東京大学出版会　2020年）

五感も八系統に！

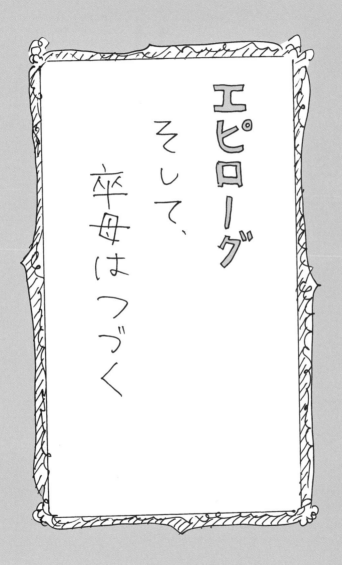

エピローグ

そして、卒母はつづく

44

わたしの変化

いろいろ（学び）と（気付き）を通して（トライアル）&（エラーズ）やってみたり工夫してみたり、まだ手さぐりで完成なんて見えないけれど、自分の中に 明らかな変化 はたくさんあります。

開始3ヶ月くらいでも変化はバッチリ

その中でも大きなもの **4** つほどあげてみたいと思います

良いこと たくさん～

気付きメモ

これまで自分のことにあまり目を向けてこなかったのですが、手をかけてあげると自分も息を吹き返す。自分が一番それを実感できます。自分を大切に。

1 体力がついてきました！

気力・体力が底をついていた卒母前。家事などに使っていたエネルギーを自分に向けることで元気に。

まず **歩く** 習慣をつけることから始め、プールをウォーキングしたり。

オンラインでヨガしたり。

自分が **無理なく** できる **運動** は じにも 体にも とても 気持ちよく

むくみ がとれて、足が 細くなりました !! (当社比)

ポイント 疲れた日は 休んで 体調最優先！ です!!

2 深く眠れるようになりました！

なるべく21時ごろ 就寝します。
そそそ

元気！
ぱち

すると、子どもの目覚ましより早く
目が覚めて、すでに十分な睡眠。
しっかり眠ると心もおだやか。
すぐ活動できる感じうれしい。

3 歯のくいしばりが減りました！

歯医者さんに
えー
医

歯のくいしばり強いです。
いろいろガマンしてますね。
たぶんストレスですよ

と言われびっくり。

「ストレス」として意識してなかったかも。

歯のくいしばりって、内ほほや舌に歯形が

くっきりついたりするのですが、卒母したら！

なんと その歯形がなくなった！ くいしばり

によるすりヘリは歯科でフォロー中です。

4 自分のことを考えられるようになった

今までは母という役割りにとらわれて、
自分のこと や 自分の未来 を考えられず、
自分がしたいこと も全く分からずでした。

母業 前が見えない 親の期待 を引き受けて
就いた デザイナー という
仕事について改めて考え直し
てみたことで、他の業界との関わり方、
デザインのスキルの生かし方を変えて、
自分も ワクワク できる 形に。
やりたいとも見えて
仲間 もたくさんできました。
手放す ことで エネルギー や 時間
が確保できる！役割りや呪縛から
逃れて自分を再構築していこう！ nen

気付きメモ

話すと驚かれますが、本当はわたしは考古学者か郵便局員になりたかったのでした。

45

始めやすい時期

ものごとには、それに合った
タイミングや時期があると
　思います。

「卒母」って家族みんなも
一緒に変化していくものなので
家族が忙しい時期とか.
変化が大きい時などは、
始めにくいかも？
だとしたら.いつがいい？

たとえば 4月

母 仕事の他にも
保護者会やPTAでダカトと

大学生
新歓とか、ゼミ、
履修登録、バイト
いろいろたてこみ
生活乱れ中

あわただしい

高校生
新学期バタバタ
行事もたくさん
教科書もたくさん
気候変化で疲れも。

フリーだから、会社員だからなど
いろいろそれぞれのタイミングですね

みんなバタバタしている中で春は
花粉や気候も不安定でコンディションも
イマイチ。　ラヘー　エネルギー低め！

そんなことを考えると　始めてみるか

7月の夏休み の始まる頃に始めて

みるのも良いかも。 お試し運転始めてみる？

215

家族の様子みつつ、自分の限界も感じつつ。

母も時に助走つけてみたり、工夫したり。

わたしの場合は、1月1日に決意して

1月2日に 卒母宣言 をしました。

1年のはじまりだったので

たまたま良いタイミングだったかも。

やるわ!!

いちばん大切なのは 母自身の決意!!

だと思います。自分が もう限界ゾーン に

いるということを知り、自分を助けることを

自分と約束するというか、決意が重要。

もちろん、うまくいくことばかりではなく

途中で止まりそうになったり、崩れそうに

なったりしながら。でもいずれ、家族は

自立に向かうのです。あきらめずに!!

まあうまく進まない

うまくいかなくても 待っていたら ある時
するする、と動くようなことも。
また、あるタイミングで別のアイデアを
思いついたり、やめてみたり。進めながら。

★うちの場合
うまくいっていないな、と
思っていたある日。

ただいまー

ぴん？
料理中？

へぇー

おかず
セット
いいですね

ぐつぐつ

ジュージュー

おかえりー
おかず
セット
作ってるよ

いろいろ
言わなくて
良かったー
本人のタイミング
ってあるよね。

1回の
おかず×3パック！

合理的

バイト帰り
いつも遅い
から
作っておく
ことにした

やってあげて
いると
わから
ないよね

子どもはおなかがすけば食べる。
パンツがなくなれば洗う。
本人を信じて待ちたいものです。

気付きメモ

家族みんなタイミングなんて同じわけがないので、自分の欲望だけで人のタイミングを煽らないこと。親子兄弟みんなそれぞれ「個人」。

46

誰 と い る と き
自 分 ら し い ?

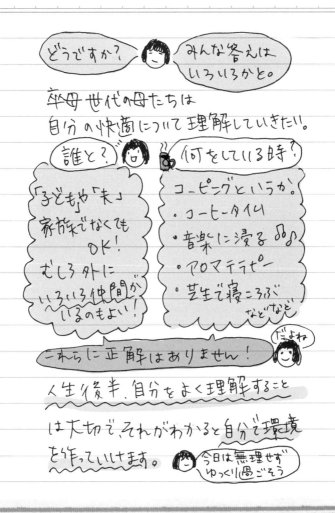

どうですか？　みんな答えはいろいろかと。

卒母世代の母たちは
自分の快適について理解していきたい。

誰と？　何をしている時？

「子ども」や「夫」家族でなくてもOK！
むしろ外にいろいろ仲間がいるのもよい！

コーピングというか！
・コーヒータイム
・音楽に浸る♪♪♫
・アロマテラピー
・芝生で寝ころぶ
　　　　　　など、など

だよね

これらに正解はありません！

人生後半、自分をよく理解すること

は大切で、それがわかると自分で環境
を作っていけます。　今日は無理せず
ゆっくり過ごそう

心理学メモ

コーピング：ストレス反応を低減することを目的とした、絶えず変化していく
認知的または行動的努力のプロセスをさす（『心理学辞典』有斐閣/1999より）。

誰と？

どした？ きいて！

わたしは 何人か本音で 話せる友人がいて、 だいじょうぶ？ 心の家族 って呼んでいます。そういう 友人と過ごす時間が いちばん自分らしく いられます。オンラインでも十分‼

何を している時？

わたしが 自分らしく いられるのは、

ぷあー

ちと休けい

- コーヒーショップでの朝時間。
- 雑貨や文具を見ている時。
- 温泉とサウナで体をあたためる時。
- 読書をしたり何かを書いている時。
- そうこの原稿もたのしい
- ぼーっとしている時。

自分が自分でいられる時間 とか
素の自分が喜んでいるなーと
感じられる時間 とか （喜）

そういう時間や環境を増やしてあげて
緊張しがちな日々。　　　　ゆるめて、大丈夫
少しでも 自分をゆるめてあげる

自分のストレスは 他人が何とか
してくれるものではないので　　気付くことも
自分でゆるめて 減らしてあげること。　大切

そのためにも 😠😣😖 ←⇒ 😐　まずは距離
自分にあたり散らしてくる人とか !!
いつもふきげんな人、自分を大切にして
くれない人、支配してくる人 などなど
自分が自分らしくできない相手とは 安心
どんなに近い人でも！距離をおいてみましょう。
自分の心と体の健康が最優先です！

47

そろそろ更年期を考える

知らないうちに、うっかりとストレスを抱えこんでいたりする卒母世代のみなさまー！

明らかな原因のわからない

ゆらぎ　があってもつい

不調

みえない
みえない…

がまんしてしまったり

見ないフリしてしまったり、

していませんか？

わたしのくふう

揺らぎを受け止めることについて、ヨガがとても役立っています。ヨガを通して自分の体の違和感に気づく。

だけど、この 不調 や ゆらぎ は

独り抱えてばかりではつらいだけ。

環境 それに 更年期はコレ！ と

いう テンプレート があるわけ

体や 本人の でもなく、人それぞれ。
ホルモン 気質
の
変化
＋

血管や 精神 筋骨格系 消化器系
(自律)神経 神経系
内分泌系
のぼせ 肩こり 腰痛
頭痛 イライラ 泌尿器
生殖器系

わたしは コロナ禍 47歳 いろいろ

あたりから婦人科に相談を うーむ

はじめました。子どもの思春期と自分の

中年期が重なって、気分が落ちこんだり、

体が痛かったりして。環境のせいなのか

更年期のせいなのか何だか分からなかった

のでした。 考えてわかるものでもない

わたしがお世話になった婦人科さんは
次男を産んだ産婦人科さん。
診察の時に、待ち合いで 問診表 を
書きます。これを

毎回スマホに

保存して 自分でも

移り変わりを可視化 もできるように

していました。大きい流れで 医師と共有。
前に 乳がんになった友人(今は完治!)が
乳がんにかかる前から 同じクリニックで 検査
データ保管してもらっとくといいよ！と
教えてくれて、それがヒントになり、更年期も
医師と定点観測方式。
定点で「伝える」ことをしていると,自分の
変化に気付きやすくなって 良いです.😊

> **わたしのくふう**
> 何はともあれ、更年期もまずはしっかり「眠る」ことから。ゆらぎは大前提と
> して、これがあれば、という自分なりの安心を作っていく。

様々な症状が重くなる前から

小さな不調 を共有してくれる医師が

いたら ココ！ という時に動きやすいのでは？

はじめにかかった婦人科さんと相性が

良くないなと思えば、他のところも行ってみたり。

いつもがまんしがちな母たち

先生！最近
眠りが浅め
です

ですが、婦人科ではあえて

子どもくらいの心 で不調や

素直に

弱音を話しています。

肩こりがひどくて

最近やる気がなくて

落ちこみます

お医者さんの前ではよくある症状。

体裁など気にせず伝えていって、漢方を処方

していただいたり、堂々と！ 養生していこう！

48

子どもの旅

かわいい子には旅をさせよ

なじみのある
獅子の子落とし的なことわざ
ですが (旅) はやはり何にも
代え難い経験 をくれます。
大人と子どもの間をさまよう
モラトリアム の時期にいる子どもたち
各自の旅は オススメです。

気付きメモ

日本を離れると日本のあれこれに気付くものですが、家庭からも離れることで
気付くことがあると思います。離れることって大事なこと。

わたし自身、美術大学生 (18～22才) の頃、
バックパックで1ヶ月くらいアジアや
ヨーロッパなど、世界のいろいろな
場所を旅していました。

ホンモノすごい！
わぁぁ

いろいろな出来事があり━
たくさんの出会いや感動があり
今でも鮮明に残る旅の記憶。

不注意でカードなくした。
すぐ手配せな

コロナ禍、家にいることが
多く、せまい視野に
なりがちだったので
コロナ後子どもに旅を提案。

家をはなれよう！

手配は自分で

大学生の子どもは関西へ一泊旅行

ビューン
いってきます

いつも家にいるが好きな"出不精"大学生くんが

（旅）っていいね！とても楽しかった‼︎

と話していて、こちらもか。

困った時に
見知らぬ人が
助けてくれた
あざす

離れていた
友人とリアル
に会えた‼︎

あこがれの
帰りの新幹線
でビール飲むやつ

やったヨ！

などなどいろいろ感じたり出会ったり何より。

高校生の子どもは 他県の祖父母宅へ！

高校生も準備から自分でやります。
連絡や相談も自分で。手みやげを準備。
そして荷物も仕度して、いざ出発！
あえて「当日窓口で自分でチケットを買う」
スタイルに。あせらず、彼のペースで。

行ってきます

最近は"青春18きっぷ"のように
各駅停車を乗り継いで行ったりしていて
すっかり上級者！

交通系ICカードが
使えないことがあった！　とか

えっ？

チケット買うのに
いろんな人に
聞きまくった！　とか。

いつも親が何となく
やってしまうあれこれから　自分で行う方式。
また、祖父母宅では、お正月や夏休みに
家族で行く時と違って、食事とメメントは、
基本的に1人で過ごします。
海を見たり、散歩したり、遊びにきた人と
話したり。非日常から自分を見つける。
旅という形で親と離れてもらおう。

49

母 の 旅

みんなに 1泊してきます と伝えて、
~~母~~も旅をしてくることにしました。
25年来の古い友人と、久しぶりに食事をして
深い話で盛り上がり、　え！　そんな
いっしょ!!　こんなで
そのまま2人旅を企画
旅の準備もスマホでやりとり。
旅って、準備から楽しい!　　わくわく
楽しみ
しかない
そして子どもをもたない友人と
なぜこんなに話が合ったのか？

わかりやすく図にしてみると

なんと！子どもがいても いなくても

仕事をもっていても、もっていなくても！

今 40代後半 あたりはみんな人生の

合流地点、だったのでした！！

結局、悩みや問題が
ディティール違えど、だいたい同じ でした！
この年齢 になってからの発見です。
うれしい

その友人との旅は、旅館をほとんど出ず、
温泉と食事と睡眠以外、ずっと対話をして
いました。本当に驚くほどずっと語り合いました。
もはや 人生の合宿 ♥♥ ★ 発見いっぱい！

言葉にするって
すごいね!!

ほんとに！
思考深まる！

コロナ禍、私は臨床心理学を勉強し
彼女は色彩心理学を学んでいたことで
お互いに学ぶ過程で もやもや や 違和感
の輪郭をはっきりさせていました。お互い
それらを統合していくことで、旅行中に
解像度がぐっ！と上がりました。
日々の中で時々会って話す
時間とはひと味違う
思い出深い旅でした。

ごはんも
おいしい

露天風呂も
最高でした

わたしのくふう
そう言いながら、わたしもまだコロナ禍以降の海外旅行は実行できていません。
時間は思うより有限。今のうちに実現したい！

それから「子育て20年、おつかれ様！
お子さん成人したのでざいことだよ！」
と言ってもらえたのも嬉しかった。
やっぱり、不器用ながらも がんばって
続けてきたことを認めてもらえると、
気持ちも先を見て進んでいける。
ありがとう

20年長かった…

旅の終わりに、高崎に寄って、だるま寺で
だるまを買いました。お寺で 祈りとともに
片目を入れていただき DARUMA 心も新たに。

次に来る時はもう1つの目を入れて来られる
ように がんばろう！ と約束しました。
自分が感じる様々な疑問、自分について
もう一度考えたり、話したり。向きあったり。旅
中年の大切な時期の 卒母旅 オススメです！

233

50

やりたいことを
実現していこう

この本でいう卒母というのは
たぶん

| 45歳 | 50歳 | 55歳 | 60歳 | 65歳 |

このあたりのどこか くらい

先日、パスポート申請を
してきました。久しぶりの!!!
パスポート!!! うっかりそのまま飛行機に
乗ってしまいそう。そんな妄想だって楽しい！
できれば自分の体がギリギリ元気なうちに
旅をしておきたいな。

さよなら日常！

と、いうのも。毎日がそれぞれに大変で
あったとしても！

やりたい（やりたかった）ことをして
見たかったところに行き👀を
食べたかったもの🍴を食べ
聴きたかった音楽を聴き🎵
知りたかったことを学び📖
会いたい人に会う

今のうちに
たくさん
本物を
味わって
おこう！

たとえ
いろいろ
あっても
行く
気持ち

ちなみに 全て 条件が 揃う瞬間はない

ということ前提で。介護や自身の健康、
体の変化。家族のこと。毎日いろいろあるし、
お財布事情もそれぞれ。ムリ…
そんな中でも何とか工面して自分の
"やりたい"と思うことをひとつでも
実現してあげたいな。そうありたい。

column ⑤

自分に意識を向ける練習

ドギマギ

　わたしは何でもうまくやろうとしてしまうせいか、新しくやること が前に出てくるとついドギマギしてしまいます。そんな時は落ち 着いてまず自分に「あなたはどうしたいの？」と聞いてみるように なりました。さらに「そうするためにあなたは何をしたらいい？」 という質問を重ねるように心がけています。

　しがらみや世間体をまず外してみて、一度自分の気持ちを素直に 聞いてみる。そのためにできることを自分と一緒にシンプルに考え る。複雑な内容だったとしたら、分かるサイズに分解してみる。そ れが自分の問題か、他人の問題かということも見分ける。ついでに 中年なので、そもそも「無理」はしないようにする。

　一度この「精査をするステップ」を心がけるようにしたのです。 何事も「自分がやりたい」と思う気持ちが大事なのに、うっかり「嫌 だけど早く片付けなきゃ」とか「とりあえずこれをやらなければ！」 とか、他人の目で判断して引き受ける流れを重ねてしまう。すごく 疲れるけどできることだったりすると、いやいやながらなんとか やってしまったりして、その後とても疲れてしまうこともしばしば。 そうすると限りある中年の時間もエネルギーももったいない！　人 の目を気にして生きてきてしまったこれまでの「考え方の癖」を変 えていくための小さな工夫ですが、これだけでも、あ、そうだった、 と平時の気持ちに戻って判断できるようになりました。

　先日、海外留学から一時帰国した友人の娘さんが、留学先のホストマザーに、「で、あなたはどうしたいの？」とずっと聞かれまくり、日本でいかに自分で考えてこなかったか、周りがやってくれていたのかを思い知ったと話してくれました。

　意外とこの「あなたはどうしたいの？」って大事なことで、大人も子どもも受動的な行動を能動的に変えることができます。高校生くらいまでは学校でも家庭でも「言われてやる」みたいなことが多く、大学生になってから意見を求められるようになってたじろいでしまう、なんていう場面もあります。だから自分だけでなく、子どもにも「あなたはどうしたいの？」って聞いてみるようにするのもいいのかも。

　卒母の頃には、母も子どもも家族みんなが自分の人生を生きる、自分で意見を持っていく。「母だからやらなくては」から「自分がやりたいからやる」というように自分へ軸を移して、止まっていた「自分の時間」を動かしていきたいです。

おわりに

　ここまで「卒母」を掲げてきましたが、実際にわたしが「母」であることに、終わりはありません。

　これからもずっと続いていく「母」という役割を、無理せずに、「自分らしく続けられるサイズ」にして付き合っていけたらいいなと思っています。身近なところから、自分を苦しめる呪いをほどいていく。そのために試みてきた50のことを、この本では紹介してきました。

　もちろん、父という役割にかけられた呪縛だってあるでしょうし、子どもたちも家庭と社会とを行ったり来たりしながら頑張っていることでしょう。家族それぞれが自立することは、家族それぞれが自分らしくいられることに、きっとつながるはず。そんな思いを持ちながら、正解も模範解答もないままに、わたしもまだまだ実験中の日々です。

　自立には、ふたつの要素がセットになっているように思います。
　ひとつは「自分の力で生きられること」。もうひとつは、「自分ができないことに気付いて、素直に周りに助けを求められること」です。

　わたしが卒母プロジェクトに取り組むにあたっても、いろんな方々に支えていただきました。自分や家庭を客観的に見るのは難しいことですが、他の人が一緒に考えてくれると、俯瞰で眺めることができました。

　ひとりにならないって、大切です。このところのわたしは、幼稚園時代のお母さんたちとの同窓会に参加したり、同じ悩みを持つ人同士のプログラムに参加したり、同世代の人たちとの集まりにせっせと顔を出していました。中年からはそういった場で「弱み」や「悩み」をシェアするのもいいものですね。昔からのつながりの人たちとあらためて分かち合えたことが感慨深かったですし、プログラムで出会ったはじめましての人たちとも心を割って話せたことは意外な発見でした。長く生きていると「いい時期」も「うまくいかない時期」もみなそれぞれにあって、わかっているからカッコつけずに話すことができるのかもしれません。

　この本を通じても、一緒に話せる仲間ができたらうれしいです。

　最後に。わたしのこの試みを見守ってくれた家族に感謝します。そして、たくさんのみなさまのおかげで一冊の本になりました。ありがとうございます！

田中千絵

田中千絵
1974年 寅年生まれ
武蔵野美術大学卒

出身
東京都

仕事
グラフィックデザイナー
NPO法人 chou-chou
理事・東京支部ディレクター

SNS
インスタグラム、Threads
X（旧Twitter）
ともに@chietanaka

家族
夫と息子2人

母歴
今年で22年!!

母ラジオ
Spotifyポッドキャスト
毎週火よう日更新中!

好きなこと
寝ること、旅行

好きな食べもの
あんこ
ビリヤニ
（インドの炊きこみごはん的なもの）

2023年1月に思い立ち、卒母開始。その3月からインスタグラムで卒母投稿を始めました。今も卒母中。

卒母(そつはは)のためにやってみた50のこと
がんばる母(かあ)さんやめました

2024年5月5日　第1刷発行

著　者　　　田中千絵(たなかちえ)

発行者　　　佐藤　靖

発行所　　　大和書房(だいわ)

　　　　　　東京都文京区関口 1-33-4

　　　　　　電話 03-3203-4511

企画編集　　石川理恵

ブックデザイン　高瀬はるか

校　正　　　佐藤鈴木

印　刷　　　歩プロセス

製　本　　　ナショナル製本